NEUE
LITERATUR
D1721698

UWE DICK
1942 in Schongau/Lech geboren,
ehem. Redakteur, setzte sein Werk – unabhängig
von Literaturbetrieb und Literaturkritik –
als Rezitator und Selbstverleger durch.
Er lebt in Wasserburg am Inn, wenn
er nicht gerade auf Lese- oder Lebereise ist.
1972 erhielt Uwe Dick
den Bayerischen Staatspreis für Literatur
zugesprochen.

Uwe Dick

SAUWALD PROSA

Erweitert um 2 x 13 Taschenbuchstaben zur Weltformel

WILHELM HEYNE VERLAG
MÜNCHEN

NEUE LITERATUR
Band 2
im Wilhelm Heyne Verlag, München

Herausgeber der Reihe »Neue Literatur«:
Manfred Kluge, München

Genehmigte Taschenbuchausgabe

Buchstaben-Vignetten von Toni Waim, Landshut
Printed in Germany 1981
Foto Titelei: Herlinde Koelbl
Umschlagfoto: Horst Munzig, Mindelheim
Umschlaggestaltung: Christian Diener, München
Gesamtherstellung: Presse-Druck, Augsburg

ISBN 3-453-35802-3

Lesefährten

Erste Sauwaldiana

Wo ist das Land der Panzerpratzenkrebse? Wo fließt das Bächlein helle, darinnen die Forelle Franz Ferdinand Elfmeterbälle bolzt? Wo hängt der Beißkorb der Xanthippe und wo, sag an!, erscheinen nachts die Bürger aus der Traumstadt Perle? Wo ruht das Drachenei des Magiers von der *anderen Seite?*
Hinter den sieben mal sieben Hügeln, die sich bei Höll auftun, Moosvogl verbergend und Hundshaupten, Mergl und Frauentodling; östlich Ortenburgs, dessen »bezaubernder«, aufweglisch stimmender Predikant Cölestin auf Wunsch seines Herren, des Reichsgrafen Joachim zu Ortenburg, mitten im Katholischen Herzog Albrechts V. protestantisch von der Kanzel ketzerte, die er in Harnisch *»und mit gespannter Büchse«* bestieg, da schon von Schwertling her die Hakenschützen nahten; gute — bei Westwind im Rücken! — drei Fahrradstunden hinter den Messerbrechern des Töginger Waldschnacks Gustl, halb so weit nur noch von Roßbach aus, wo ein Zahnarzt seine »Apfelkönigin«, die lächelnde Stille, inthronisierte, dort — Achtung, Zungenbrecher! — »drobm überm untern Inn«, südlich der Nibelungenstraße also, nördlich der Sonnentore, dort ist mein Arkadien, der *Sauwald.*
Und die Sauwäldler, das sind die »Riaßler«. Überkommene Namen. Zu Olims Zeiten nämlich schnoberten hier riesige Rudel von Paarzehern durchs Holz und brachen hervor mit Gegrunz und Röff-Röff, zur Unzeit die Felder zu pflügen. Nun, die Sauen gingen zurück, wie es in der Forstamtssprache heißt — man schoß sie ab, bis auf ein paar überlebende Glücksschweine —, die Sauen gingen… und die Namen blieben.

»Namen san Schicksal«, sagt der in Eisenbirn, an einen Holzapfelbaum gelehnt. »I hoaß Krieger — und hab zwoamoi eirucka miassn. Der Dachdecker, bei dem wo i g'lernt hab, hat si' Schindler gnennt. Da war bloß des L z'vui; des hab i oiwei hergnomma für mei Leckmi. Und mei Oide war eine geborene Jung, und is aa jung gstorbn!« Ein Seufzer, ein Blinzeln hinauf gegen den Krönungshimmel, in dem ein Rüttelfalke lauert, dann ein — trotz Innviertler Lidspaltenentzündung! — zwingend imperativer Blick, unter dem die schiefste aller Weltformeln jahrzehntelang unangefochten bliebe, ein Runzeln der Stirne dabei und das Beiseitewischen, was red' ich, das Durchsäbeln aller möglichen Einwände mit der Handkante: »Namen san Schicksal. Aus und Amen. Beweise braucht's da nimmer!«
Wortlos breche ich zwei zum Gebet gekreuzte Arme auseinander, das goldgelbe Mittelstück einer Brezel, indes mein Gegenüber vom Stamme der »Solcherne-wie-mir-de-gibts-gar-nimmer!« den daumendicken Außenbogen des Backwerks in die Joppentasche steckt, dankt und erklärt: »I muaß heit no auf Schärding obe. In Allerheilign werd ei'kehrt und a Bier trunka. Für da b'halt i mir den Salzriassl. Am Jüngstn Tag mach i dir an Advokatn, falls d' oan brauchst — is eh klar! A guade Roas dawei!« Lüpft den Hut und geht.
»Namen san Schicksal«... hallt es mir in den Ohren, während ich meinen Rucksack packe, ihn nach beendeter Brotzeit aufs Rad zu heben. Der Mann, der für 1500 Gulden das Versteck des Andreas Hofer preisgab, hieß Raffl. Der »Herr Lehrer Gerts« war es, der mir unter falschem Lächeln Tatzen über die Finger brannte, mit einer Gerte, daß es nur so pfiff. Und der Name des

Verwaltungsfachmannes, der mit technokratischer Sicherheit eine noch vor Jahren erkennbare Innstadt (nachts rücken die Baumfäller-Kommandos aus: so meistert er die Bürger, die protestieren könnten!) fast in eine Steinwüste verwandelte, der Name dieses Kahlstadtoberhauptes beginnt, nomen est manchmal wirklich omen, mit Stein. Wüßte ich nicht, daß er, dessen Tot-Schlagwort, dessen Hauptarguzement die »wirtschaftliche Seite« ist, hätte ich nicht zur Kenntnis genommen, daß er und seine viel zu vielen Mitmacher anstelle des lebendigen Blickes Münzen in den Augen haben, ich führte ihn hier her, dicht unter den Sauwald, nach Schärding. Wer nämlich wissen, körperlich erfahren möchte, was Urbanität ist und wie man eine gewachsene Ortschaft vor Bankhauseinbrüchen und monströsen Kaufkuben bewahrt, ohne als subventioniertes Traumstadttheater ums »liebe« Geld bangen zu müssen, der wandle die Schärdinger Silberzeile hinab! Jeder weitere Kommentar erübrigt sich, oder, um mit den Worten des Mannes aus Eisenbirn zu sprechen: »Beweise braucht's da nimmer!«
Längst ist er die Fahrleise hinuntergewandert, dem Hahnensalut, dem Eivogelgedack und dem Wuff eines Hofhunds nun näher als ich. Mir aber — die Wohnung aller Rätsel ist wohl doch der Kopf?! — will dieses »Namensan-Schicksal« nicht mehr aus dem Sinn. Wie eine banale oder das Fragment einer edlen Melodie sich zuweilen aufspielt, manchmal geradezu emporschwingt zum Dirigenten eines ganzen Tages — ich erinnere mich in diesem Zusammenhang des verdutzten Gesichts einer Schönen, der ich, inmitten paradiesischer Umarmungen, das Trompetensolo aus Schostakowitschs erstem Klavierkonzert ins Ohr pfiff: was mir den Vorwurf eintrug, ich sei doch wohl

nicht ganz bei der Sache, worauf ich mich vergeblich bemühte, den Laut gewordenen Ohrenwurm als ein gewissermaßen klassisches Signal innerer Gelöstheit und Harmonie zu interpretieren — kurz, gleich einem angepflockten Pegasus kreist mein Sinnieren um dieses — allmählich lästig werdende »Namen-san-Sch...«. Aber wie soll ich auch freikommen von solch einem spleen-fix, da doch just in einem Gemeindeteil namens Kobeln die wahrste Sauwald-Odyssee anhub!

Nicht, daß es unsere Absicht gewesen wäre, die Riaßler zu frozzeln — wegen ihres schicksalhaften Namens. Nein, vielmehr wuchs uns das gespenstische Niemandsland aus jener Gründlichkeit entgegen, die meinen Reisebegleiter kennzeichnet. Er wünschte sich zu vergewissern, ob nun das, was sich da auftat vor unseren Augen, auch wirklich der Sauwald sei, wie es die Karte — schwarz auf dunkelgrün — auswies. Und hier begann das seltsam traumhafte Spiel der sogenannten Wirklichkeit, das Wandern von Weichbild zu Weichbild, der Sauwaldspuk am hellichten Tage.

Da mochten wir noch so felsenfest überzeugt und mit beiden Beinen auf dem Boden der Tatsachen, das heißt auf dem kristallinen Grundgebirge der Böhmischen Masse stehen, die Alte in Kobeln wußte es umwerfend besser: »Wenn mir der Sauwald waarn, — dann daatn mir des wissn. Aber mir san der Sau...« (mittelschwerer Hustenanfall bei gleichzeitigem Fortscheuchen eines schwarzen Katers) »mir san der Sauwald ned. Da miassn S' scho no a Stückerl weiter, — da hintre zua!« Und sie wies mit der gichtigen Schwurhand ins Ungefähre.

»Da hintre zua«, steil überm Donaugraben, der uns von Gottsdorf, Hühnergeschrei und Hundsfülling, von

Knödlsöd, Glotzing, Lämmersdorf, Pfaffenreuth und Wildenranna, von Rackling und Windpassing trennte, hieß es dann heiser aus einem windschiefen, mit Gaunerzinken tätowierten Blockhaus: »Tho, — thum Thauwalth wollnth?!« Pause. Bedenkminute? Ein Blecheimer stürzte um, Flüssiges pfitschte. Flüche in Girlanden. »Thauerei, elenthige! Wer hath thenn tha then blöthen Kübl higthellth?!« Und, der Leserlichkeit zuliebe, aus der Lispelsprache übersetzt: »Also, — aus Diethalling kemman S'?! — Ja, da san S' jetzt scho z'weit. Der Sauwald is da umme, doda — dooo ausse!« Ein knochiger Fingervogel fuchtelte aus dem winzigen Lichtloch, sowohl in die Richtung weisend, aus der wir herfanden, als auch in jede andere.

Wer viel fragt, geht viel irr, weiß eine altbairische Redewendung. Hier, im vormals Kurbairischen, jetzt Oberösterreichischen, das schon fast böhmisch ist, traf sie ins Schwarze. Denn wo immer wir fragten — das freilich mit Unterbrechungen: Spaziergängen im Sauwald, Übernachtungen in seinen böhmischen Dörfern rund um den Haugstein —, wo immer wir um Auskunft anhielten, war der Sauwald »woanders«: Da hinten oder dort drüben. Da ned, aber da vorn scho. Mehr da nunter zua, wissn S', wo jetzt die große, schwarze Wolkn briat', bis Dingsda, und dann links abbiegen. Da kemman S' dann nach Herrgottwiahoaßtjetztdesgleichwieder, und nacha... Hätten wir die Angaben aller befragten Riaßler für die Wirklichkeit genommen, wir wären niemals im Sauwald gewesen!

Und vor der Abreise, — ein mythisches Finale! — wuchs die Groteske ins Unermeßliche; das Waldgebirge ward unversehens zur Riesensau: »Kopfing, des is der Kopf!«, sagte einer, »gen Natternbach zua ham S' den Sauriassl!« ein anderer. Dortselbst jedoch drehte man den Spieß, an dem unser flüchtiger Koloß, unser geographisches Wildbret hing, leichterhand um: »Naa, der Riassl san mir ned. Der Riassl is z' Münzkirchen. Die Ohrwaschl san Vichtenstoa. Wenn überhaupts, dann san mir der Sauschwoaf —, aber i glaab's ned amoi!« Bis dann, ausgerechnet in Ringlholz, auf einer alteiszeitlichen Moräne, der herrlich große Wald, die dunkle Fichtenborstensau, sich vollends in ein Nichts auflöste: »Jaaa, (singend) jaaaa, den Sauwald, den ko ma ned greiffa. Der is, wo er is. Und wo er is, des woaß eigentlich koana ned gwiß. Und de Riaßler, de möchtn 's scho glei gar ned wissn, — is eh klar!«

Außen und innen oder wo?

Drei Jahre liegt das zurück. Zurück? Drei Jahre hin, vier Jahre her! Was soll mir diese heilige Scheu vor der abgelaufenen Zeit? Wer blind ist für den Tag, der ist auch blind für vergangene Tage. Nur deutlich genug dem Heute gelebt, und die Diktatur der physikalischen Zeit ist gebrochen, das frühe Altern »rund um die Uhr« entmachtet, der Vorhang, geflickt aus Kalenderblättern, zerrissen: zugunsten von Augenblicken, deren Dichte und Dauer Monde aufwiegt, Epochen, Weltalter. *»Was zählt angesichts des Grabes, sind die Stunden des Glücks, das wir benennen können.« / »Der Moment ist alles.«* Hundert Jahre hin, tausend her! Es ist so reichlich Annodazumal noch nicht zu Ende geworden; auch in mir, einem Kollektiv von Personen verschiedener Jahrhunderte. Hei, wie sie mitmischen in meinen Tag- und Nachtträumen, in meinen Anschauungen, meinem Denken, in all meinen Ungleichzeitigkeiten und Widersprüchen, die keinen Einwand abgeben dürfen gegen einen Menschen. Denn einer meiner höchst gegenwärtigen Toten sagt das: *»Individuum meint nur Unteilbarkeit, nicht aber: Harmonie der Teile!«* Beaugt genug, mich nicht mehr täuschen zu lassen von ideologischen Buhmännern und Papiertigern, von Systemfallen, Potemkinschen Begriffsdörfern oder was immer mir die Freiheit des eigenen Sehens verstellen könnte; dem »Leben als Betrieb« entflohen, trenne ich längst nicht mehr zwischen Drinnen und Draußen. Erlebe ich doch vielgestaltig, wie Innenwelt sich aufbaut aus Hereingeholtem oder — unbewußt — Hereingelassenem, und umgekehrt, wie ich mir Umwelt schaffe, Mitwelt bilde, kraft innerer Gesichte. So hab ich meine Geisterstunde nicht nur um Mitternacht, und keine Autobahn stört meinen Seelenweg. Das ganze Werden kulminiert in mir: Angeborenes und Angeeignetes, Lokalgeschichte, Erinnerung an einen fernen Alltag, geweckt durch Klänge und Gerüche, schlägt um in Gegenwart und steigert sie. Auch jetzt wieder, da ich, meine kleine schwarze Erika betastend — so nämlich heißt meine Schreibmaschine —, dem Prasseln der Winterkanone lauschend, gen Münzkirchen radle, das vormals Münchskirchen benamst ward. *»Was wir die Wirklichkeit nennen, ist eine bestimmte Beziehung zwischen Empfindungen und Erinnerungen, die uns gleichzeitig umgeben.«* Weshalb es denn möglich ist, daß ich hinabstürze mit Sternen und Blättern, mit Vogelruf und Traktoren-Tak-Tak ins Amphitheater zu Syrakus, dem steingrauen Halbkreis entgegen, den die Buchstabenhebel meiner Erika beschreiben, während über dem Firmenzeichen »S u. N« der Himmelsbogen neu erblüht, durch den ich ein abziehendes Gewitter

betrachte, das lichte Tor aus Tränen, in das die Ringeltaubenwolke flattert.
Schlingernd im wehenden Wechsel von Helle und Schatten, staut sich das Land, drängen die Wald- und Wiesenwogen gegen das schwarzblaue Donnerkliff, unter den Block der Blitze.
Ankeuchen wider einen Berg. Das Glucksen verrinnender Wasser. Murgang. Lehmschlieren. Des Hähers Fluch aus den Schwarzhöhen. Rabenorakel im Krakelwerk. Dumpf pumpt das Herz. Lungenfeuer will aus dem Hals. Da ist die Höhe erreicht, die Schotterdünung, bezwungen der Kamm von Nässe. Aufsitzen. Tauchfahrt ins Brodeln, hinab in die Nebelsee. Zeit ohne Zeit. Weder Licht noch Schatten. Rauhbirnbäume fliegen vorbei. Erschrecken bis ins Mark: Eine Schlange ringelt sich auf der Fahrbahn. Wie ausweichen? Zornotter? Höllennatter? Nein, nur ein Keilriemen. Das spitze Herz sucht neuen Takt. Woher diese Angst?
Wieder bergan, durch bemooste Stille. Riesen dunkeln heran, schneckenbeknöpft und mit Pilzepauletten. Rehsprung. Tränen perlen von den Rippen des Farns. *»Der Wald mit den Augen des Marders.«* Dann saure Wiesen zum Hochmoor. Baumleichen. Niederwuchs. Gnomenreigen im Wabern. Was kocht da im Schauer? Was braut die Wetterhex'? Wenn es jetzt aufrisse, wenn jetzt der Brodem wiche, fände ich mich unter Felspartien, unter alpinem Getürm?

Auftritt Luger

»... und zweitens, als man denkt!« Hakelei im Theater der Typen. Das X sprang vor das U. Szenenwechsel. Waldgebirge ab durchs Fenster, Postbote von links: »Du, jetzt hab i'n g'sehn!« / »Wen?« / »Ja, den ganz den andern, von demsd' mir im Sommer verzählt hast!« / ? / »Im Fernsehn is er kemma, im Östreichischn, — der mit de Fisch, der Zahnluckerte!« / »Der Luger?« / »Ja, der — und i hab scho g'moant, dir is amoi wieder d' Phantasie durchganga!« / Vielleicht ist sie dir durchgegangen, weil du gar so wenig hast! — sag ich nicht. Denn es ist ja nicht seine Schuld, so wenig zu wissen von dem einzigen Jenseits, das dieseits ist, vom Riesenreich der Phantasie. Also: Gruß. Formalhabedi-Ähre. Postbote ab, Franz Ferdinand oder, je nach Herkunft der Gäste, auch Franz Josef — schwanzüberkopf hinein in den gläsernen Bierkrug. Wir stehen am Mühlbach. *Luger* ist in seinem Element. Er hat alles, was er braucht: ein Publikum, das mitgeht, und genügend Nachschub aus der Wurmplantage. Das sind schimmelnde Bretter auf feuchtem Grund. Unter ihnen windet sich, wonach Toni Sailer und Bomber Müller schmachten.

»Und jetzt, meine Damen und meine Herren, das epochemachende, unwiderruflich, sensationelle Spiel des Jahrhunderts in dieser Stunde! Der deutsche Weltklassesportler — in bravouröser Kondition und mit einzigartiger Kombinationsgabe — schießt ein zum Zwei zu Null gegen Brasilien, und zwar Kopfball, liebe Sportfreunde. Einfach phantastisch! Wie er das nur macht?!«

Das Publikum jauchzt, röhrt lustvoll. Bei verhaltenen Bewegungen allerdings, denn Luger rät zur Vorsicht. Eine zu leibliche Beifallskundgebung könnte zu einem Abglitschen, zu einem Verlust der Balance auf den Grassoden und damit zu getrübten Verhältnissen im Mühlbach führen, in dessen Steinkränzen, Kästen und Gumpen, Krankenstationen, Nachwuchszentren und Trainingslagern noch manche Jahrhundertleistung lauert. »Wissen S'«, erklärt Luger, »wir müßten sonst auf den Riesenslalom verzichten, den Höhepunkt der Winterolympiade an diesem schönen Sommernachmittag. Denn unsere Rennläufer treten nicht an mit Sand in den Augen. Bei den hier zu erreichenden Geschwindigkeiten könnte das den glatten Tod bedeuten, zumindest aber ein Abkommen von der Piste und damit ein Scheitern an der Realität!« Augenzwinkerndes Einvernehmen. Raunende Zustimmung. Luger nimmt den Plastikball aus dem Spielfeld. »Beckenbauer strahlt!«, kommentiert der Spielmacher. »Ja, er ist die Sonne am Fußballhimmel Europas. Aber die Sonne geht bald unter. Wir müssen uns beeilen! Pele, Pele, arme Seele: So geht es, wenn man zu viele Bankette besucht. Da wird man schwerfällig!« Luger, feierlich, mit pünktlich feuchtem Blick, in die Augen der Umstehenden: »Dennoch, ein schweres Spiel. Ein hart erkämpfter, verdienter Sieg! Liebe Gäste aus Deutschland, ich gratuliere Ihnen zu Ihrer so großartigen Mannschaft!« Hm, das tut gut. Eine Gruppe Hannoveraner, »gerade noch rechtzeitig« dem Omnibus entstiegen, aalt sich in Lugers erquicklichen Worten: »Bitte, sagen Sie Ihren Leuten in der Heimat, daß wir hier in Österreich mit Hochachtung auf den deutschen Bruderfußball blicken!« — »Und jetzt zur Winterolympiade, zum Riesenslalom der Superlative!« Dem Wurm, den Luger im Zickzackkurs über die Fläche des Mühlbachs führt, nicht, ohne zuvor mit einem Reiz-

tunken zu signalisieren, daß es nun so weit sei — »Das ist sie schon, die Rosi. Sehr konzentriert heute. Start und los!« —, dem Zickzack des Wurmes folgt eine Forelle. »Großartig! Wenn das kein Wedeln ist! Beachten Sie die klare Linienführung, meine Herrschaften, die Präzision, die Sekundelstel rettet! Ja, die Rosi zeigt, daß man mit ihr noch rechnen kann. Sie weiß, hier geht es um die Wurmscht. Ein Blitzmädl, das da seinen Mann steht. Noch zwei Tore. Elegant! Hoppla, jetzt hat sie den Wurm erwischt. Fast hätte mir Rosi Mittermeier in den Finger gebissen. Ein temperamentvolles Luder! Vor dem Ziel ist sie am Ziel. Ja, meine Damen und meine Herren, man sieht: Man ist schnell einmal zu langsam!«
Im Rahmen der Sommer-und-Winter-Olympiade, die durchwegs von der deutschen Equipe gewonnen wird, inszeniert Luger noch ein Unterhaltungsprogramm: Springen der Forellen durch einen Ring, Bewunderung Franz Ferdinands (des Wandelbaren!), ein Rennen »rund um den Maßkrug«, wobei es gilt, stets durch des Henkels Öffnung zu wischen; dann die Schau »Tier und Technik international«, didaktisch bereits hinüberweisend auf die Besichtigung des Atomreaktors »Selbersdorf«.

Panzerpratzenkrebse

Glückseligkeit in den Gesichtern großer und kleiner Kinder: »Joouu!« / »Hoooch!« / »Ja ganz guad!« Auf Anhieb nämlich gelang der Hand-, präziser: der Scherenstand des Panzerpratzenkrebses. Gegrätscht steht das Tier über Lugers Fingerkuppen. »Die Modelle laufen mit Wankelmotor im Heck. Sehen Sie, jetzt wankelt er wieder!« Vom zuckenden Schwanz des »umweltfreundlichabgasfreien

Amphibienfahrzeugs« schnellen Tropfen. »Die PPK's besitzen volldampfvorausundhinterherautomatische Einspritzpumpen, steinschlagfeste, ein- und ausfahrbare Stielaugen sowie eine selbstsichere TagundNacht-Karosserie von jahrtausendbewährter Einfachheit!«
Da keine weiteren Fragen laut werden, erklärt Luger zusätzlich Einzelheiten des krebsenden Gebildes: »Der Wendekreis wurde jüngst in einem Buch ausführlich umschrieben. — Hier sehen Sie die Bogenantennen, mit deren Hilfe das Kommando Funkkontakt aufrecht erhält, und zwar, wie man erst jetzt wissenschaftlich in Frage stellen kann, zu dem entsprechenden Sternbild gleichen Namens« — der Redner weist in den Sommerhimmel: mechanisch blicken die meisten Zuschauer empor —, »das Sie von hier aus nicht sehen, wovon Sie sich persönlich überzeugen können!«
Der Äther der Fröhlichkeit hat nun alle erfaßt, auch jene, die anfangs durch ein verquält distanziertes Lächeln oder unbeteiligte Mienen vortäuschen wollten, sie seien zu gebüldet, zu hoch vom Rang der selbstverliehenen Würde, um sich von so einem — »zugegeben ganz originellen« — Landclown foppen oder gar bluffen zu lassen. »Und hier sehen Sie den Steinbeißer, einen sozialen Aufsteiger gewissermaßen, einen Emporkömmling, der im Dunkel munkelt, der die Niederungen tiefer Schichten für das Höchste hält. Er lebt von der Brut anderer. Er ist selbstherrlich, läßt keinen anderen neben sich gelten. Eine verbissene Existenz im objektiven Grau, dem Spiegelreflex der langen Weile. Man kennt diesen Parasiten auch unter der Bezeichnung Mühlkoppe, vorausgesetzt, man ist man. Diesen wie jenen trifft man nur noch selten an!«

Der Dichter vom Almosenbach

Stets, wenn er seinen »Erläuterungen, hoffentlich so klar wie der Mühlbach«, ein spöttisches Schwänzchen anhängt, spielt ein Lächeln unter Lugers altmodischer Brille, die aber — folgt man nur konsequent seiner Philosophie — das Neueste ist, denn: »Das Alte ist das Neue!« »Wissen S', die Menschen sind vergeßlich. Wie segensreich! Sonst gäbe es ja nix Neues für sie auf dieser Erde!« Nie klingen derartige Sätze belehrend, aufdringlich; im Gegenteil, eher verzweifelt-unsinnig, so, als bäten sie um Nachsicht, um Entschuldigung. Mit wachem, forschendem Blick linst Luger in die Runde, liest seine aus aller Welt hereingekommene Literatur von den Gesichtern. Sieht er sich hierbei jedoch ertappt, huscht das Lächeln dieser männlichen Sphinx in Gummistiefeln augenblicklich hinweg, einer Maske weichend, die man als seligdümmlich bis vertrottelt-harmlos anschauen mag — oder gar soll? Glaubt Luger sich dann aber immer noch beobachtet, kritisch beäugt, funkt er ein verbindliches »Nichtwahr, wir-zwei-wissen-es«. Oder er hält es gar nicht mehr aus und bemächtigt sich der Situation mit einem: »Also ich weiß nicht, aber irgendwo hab ich Sie schon einmal gesehen! Ihr Gesicht kommt mir so bekannt vor! San S' gar vom Fernsehen?«

Empirodynamisch betrachtet

Die Schau geht weiter. Nicht genug der Kreaturen »life oder in Spiritus — was nicht heißt, daß sie geistreich sind!« Da zeigt er »Gottes langsam mahlende Mühle, immer noch in Betrieb!« sowie den Atomreaktor »Selbersdorf«,

»vom alten Stand der vollelektronischen Fernsteuerung auf den neuesten und zuverlässigeren gebracht«. Jetzt also mit Handbedienung. Über ein »Drahtzugsystem von durchrationalisierter Direktheit bis ins Detail« leitet Luger das Wasser aufs Rad. Rumpelnd kommt der Mechanismus in Schwung. Noch ein Handgriff, und ein Baumstamm wandert auf einem Zahnradschienenwagen in die Bandsäge. »Empirodynamisch betrachtet, war das Ganze eine sägensreiche Erfindung, vor allem, wenn man bedenkt: Die Anlage arbeitet millimetergenau — sogar im Ruhezustand, und wir wissen, meine Damen und meine Herren, wie es gerade in unserer Zeit auf Stimmigkeit im Zehntel-, ja, im Hunderstel-Millimeterbereich ankommt!« Allgemeines Kopfnicken.

»Jetzt an die Ostfront des Reaktors, zur Expo 75/76/77..., ganz, wie Sie wollen, liebe Gäste, wir sind immer der Zeit voraus!« Offenkundig ist mit dem Sägewerk auch Lugers Phantasie neu in Schwung geraten. »Hier das selbstladende Jagdgewehr, mit dem Cäsar im Sauwald jagte.« / »Ein Türkenstern. Den dazugehörigen Halbmond finden Sie als Sichel in der Nähe eines Hammers, der manchen Kopf, vor allem jeden denkenden, wie einen Nagel trifft.« / Ein Wurzelschwein. / Napoleons Gulaschtopf, durchschossen: »Ja, er lebte gefährlich!« / Ein Radarschirm mit Fangnetzen. / Der Beißkorb der Xanthippe: »Neckermann bringt zum Jahr der Frau ein vereinfachtes Modell auf den Markt!« / Zwei Wurmuhren. / Regensichere Sonnenwecker. / Phantasiepulverdosen: »Für die heutige Zeit leider viel zu klein!« / Mehrzweckpendel, »vor kurzem noch garantiert rostfrei.« / Das rindenstrukturalistische Werk eines Laienkünstlers von überregionaler Unterbedeutung, aus dem Jahre Anonym, die beiden Spitztürme des gotischen Domes zu Dings darstellend: »Erraten oder erkennen die Gäste das Bauwerk? Wo steht es?« Chor der Omnibusler: »In Köln. Am Rhein!« Luger: »Vollendet, vollendet! Umfassende Bildung nennt man das. Ich sehe Hoffnung für Europa, denn Wissen ist Macht. — So, und jetzt bitte ich Sie noch um Konzentration für diesen hochempfindlichen Kostenexplosionsglobalradikalator! Er enthält alles, was zur Bescheidenheit beitragen könnte. Haben Sie ein solches Wunderwerk — nein, mein Herr, kein: wundes Werk! — der Technik schon einmal gesehen?« Chor der Zauderer, kleinlaut, piepsend, im Kanon: »N.. Nei... Nein!« »Sehen Sie, und so viele von uns bilden sich ein, die Welt zu kennen. Die Massenblödien, lassen Sie mich das aber einmal unmißverständlich verabschieden, insbesonders die Mattscheiben, informieren keineswegs zuver-, sondern bestenfalls nach- bis lässig. Gucken Sie nicht zu oft und nicht zu tief in die Röhre. Fernsehen verhilft nicht automatisch zu Weitsicht, wie das manche meinen. Und sagen Sie Ihren Leuten in Hannover..., und grüßen Sie mir herzlich Ihre liebe, saubere Messestadt! Alles Gute und Pelikanol! Ihr Besuch war mir eine und Anregung zugleich, wenn Sie sich das vorstellen können! Ada, ada, servus, doswidanja, gudbai!« — Kußhand, Winkewinke, Juhuu und Trara. Nu mach schon, Else! Einsteigen, hopp! Klapps auf den Hintern. Na, also, weißt du! Untersteh dich! — Schau mal, jetzt hat er sich auch noch den Hahn auf den Kopf gesetzt. Er kräht, er kräht. Ob der wohl auch dressiert ist, wie die Forellen? Ulkig, nichtwahr? Ach ja, Albert, so heimlich haben wir doch alle noch ein bißchen Heimweh nach dem Hahn auf dem Mist! Wiedersehn, wiedersehn! Bus ab.

»Seit 1952 fressens' mir aus der Hand«, berichtet Luger, sich stärkend mit Most und einem Stück Brot. »Schon 1956 begannen die ersten Slaloms. Toni Sailer ist mein prominentester Schüler. Er lernte spielerisch leicht. Kann sein, daß er gar nichts weiß von seinem Lehrer. Manchmal schaut er mich an, als ob er mich nicht kennen würde«, grinst Luger, immer noch wie vor einem Publikum. Erst jetzt merkt er's, winkt ab und setzt resigniert-belustigt hinzu: »Ja, das hat man eben so drin, wenn man es zwanzig Jahre macht. Der Eintritt kostet sieben Schillinge oder eine Mark. Für Sie ausnahmsweise zwei mal 50 Pfennige, werter Herr!« Er lebt davon, sagt er. »Und die Würm auch. Weils' gmästet werdn, vorher. Die Buben in der Nachbarschaft sammeln recht fleißig und kommen so zu Geld!« Derbleckt ihn ein Beistehender aus dem Dorf: »Mei, Luger, wennst amoi heiratst, muaßt oane nehma, die wo Würm hat!« Das überhört er charmant, weist stattdessen auf den Neubau am Hang: »Wenn der fertig ist, nacha werd g'heirat'!«
Da schweigen sie kleinlaut, die Spötter. Sie mögen wohl auch ihre Häuser haben; doch kraft der Sprache, wie Luger seine Welt aufbaut, schafften sie es gewiß nicht. Witzigkeit allein macht noch keinen Dichter. Ob Luger weiß, daß in ihm einer steckt? Kein Zweifel, seine Worte sind es, die rostige Schüsseln, Wrackteile, Baumpilze, ja, sogar Steine beleben, Beziehungen herstellen, Geschichte schenken, sprechende Gegenwart. Wenn das menschliche Wort die Natur vielfach bindet, einengt, so vermag sie der Herr jener klappernden Mühle am rauschenden Bach in guten Stunden zu befreien: durch Zauberworte, magisch genug, das bloße Dasein von einigem Getier und mancherlei Plunder zu erweitern.

Schwammerl aus Zement

Schon in Massing an der Rott war mir Verwandtes bewußt geworden. Dort besichtigten wir zum Auftakt einer Innviertelfahrt den *»Schusterödhof«*, das Niederbayerische Bauernhofmuseum, einen Unterlandler Vierseithof, wie er links und rechts des unteren Inn zu finden ist. »In den alten Einrichtungs- und Gebrauchsgegenständen werden Arbeitsweisen und Lebensgewohnheiten auf einem Bauernhof vor dem Einbruch der industriellen Technik und Mechanisierung deutlich«, versichert ein wacker gezeichneter Katalog. Nun also unser Rundgang: doch nichts dergleichen geschieht. Friedhofsstille. Museales Schweigen. Dornröschenschlaf der Requisiten. Erst das Wort, das Sagen einiger alter, auf Drahteseln hereingekommener Bauern löst den Bann, bringt Leben in das Aufgereihte! Die Dinge — Pfannholz, Surfaßl, Büffel, Kartoffelmalschgabel, Putzmühle, Riffelkamm, Heinzelbank, Hackeltrommel — »Hö, hö, — da fehlt ja a Trumm! Da hams ja bloß oa Hälftn zammkafft, die Museumssammler! Ja, so geht des nia ned!« — die Dinge — angesprochen — geben Antwort, treten hervor aus ihrer dekorativen Stille, offenbaren ihr Wesenhaftes, ihr Geheimnis.

Ein Geheimnis gab auch der Gustl preis, der an jenem Tag unter dem Bundwerk des Wagenschupfens hockte, die Mittagshitze abwartend: »Des ganze Land g'hört mir, — mit'm Radl! Alle Tag' bin i unterwegs mit meine drei Herzinfarkt, bin i auf der Walz, Zementschwammerl aussetzn!« Er genoß die verdutzten Gesichter seiner Zuhörer. »Ja, da schaung S', gei! Aber des is hoit mei höchste Freid: Schwammerling giaßn aus Zement, ganz naturgetreu, und schee o'moin. Und dann stellt i mir vor, wia dumm daß er drei'schaugt, der Schwammerlkeni im dunkln Woid, wenner ummanandakratzt mit seim Messer, kratzt und kratzt — und des Prachtexemplar mag ned hergeh, ums Verrecka ned! Im Fall aber, daß er's abbrockt, ausseziagt, findt er a Briaferl: ›Lieber Schwammerlfreund! Heut is's aber hart herganga, gei! Steinpilz und doch nicht Steinpilz! Aber, Mensch ärgere Dich nicht! Schreib lieber, wo Du mich gefunden hast! Auf die Schartn im Messer gibt's keinen Schadensersatz. Dafür aber beiklebend eine Briefmarke, die Du behalten kannst, auch, wenn Du nicht schreibst. In der näheren Umgebung, — diese Information hast Du Dir redlich verdient! — findest Du koan Zementschwammerl mehr, wohl aber in der weiteren! Gruß, der Gustl von Töging!‹ Oam is amoi's Messer abbrochen. Der hat mir recht scharf, schärfer, wia sei Schneid gwen sei mag, gschrieben. — Ja mei, die Humorlosen krabbeln heut aa scho im Wald ummanand; kannst nix machen. Des rührt mi aber gar ned, des is einfach Künstlerschicksal, wemma so sagen derf. Ganz gleich: mog sei, daß i scho hi bin, daß mi morgn scho d' Würm zammputzn auf mei viert's Schlagerl hi, aber — meine Zementschwammerl, schee versteckt, wo se Fuchs und Has Guadenacht sagn, meine Schwammerl, made in Töging, hast g'hört, überlebm mi!«

Niederbayern im Hinterkopf

Massing, des Gustls Luchsblick dortselbst, Froschau, Handwerk, Huldsessen, ... der träge Fluß der Rott, die Kirchturmnadel Eggenfeldens. Das sind die Projektionen, die mein Gehirn, nach dem Prinzip des Assoziativspeichers gebaut, regelmäßig in Bewegung setzt, sobald das

Reizwort Niederbayern fällt. Und wohl auch deshalb, weil der Sauwald erstmals über diese Landschaft angesteuert ward, geben meine inneren Augen den Blick auf die Zwickledter Arche, auf die Granitblöcke im Dunkeltann von St. Roman oder auf den Irrwisch zu Mitternacht in St. Ägidi erst frei, wenn mein Schauendes seine altvertrauten, liebgewonnenen Bilderwege genommen hat. Herbstelt es, scheint da stets das gepflügte Erdmeer auf, an dessen Ufer ich eines Vormittags geriet, irgendwo hinter Taufkirchen, im November, durchgeblasen vom Rauhreifwehen. Da ist er wieder, der plastische Rhythmus fettglänzender Schollen mit stolzierenden Raben obenauf. Und schon dringt die Dorfener Grabrede ans Ohr: »Da liegst du jetzt drunten in der dunklen Grube und kannst uns nicht mehr sehen! / Und wir können dich auch nicht mehr sehen! / Ruhe sanft, du trauriger Kamerad!« — Und zur Fahnenweihe im gleichen Ort: »Da muß man verwundet gewesen sein! / Da muß man gelitten haben! / Da muß man gefallen sein, zu Lande, zu Wasser, wo die Wellen mit den bleichen Knochen spielen, in der Wüste und in der Luft!« Nun noch der obligate Geruch einer Arnstorfer Metzgerei, eine Pfarrkirchener Kirchgangszärtlichkeit: »Sog i zu meiner Aitn, was waist denn, du Waidsau!«, die Jahrhunderteichen in Haidenburg, die Runkelrübenpyramiden zu Roßbach — und vor mir steht Rudi *Englberger.*

Rudolf Englberger — Findling im Tertiär

Den Zahnarztmantel hat er abgelegt. Für wie lange wohl? »Glaubst'as, furrrchtbar! Daher kemmans erst, wenn ois dafeit is. Und wennst eana dreimal sagst, bittschön,

nach'm Zahnziang ja ned rauchn, dann gengans ausse, de Bluatshammeln, und zindn si oane o. Dann derf i Spritzn gebm und hoffn, daß s'ma ned verreckan!«
Über die Schulter des Weißhaarigen blinzelt ein Traumschwein. Marzipansüß steht es auf einem Podest, einem Altärchen, und lust auf ein Gebirge von Menschenleibern, das hinabsinkt in einen Sumpf aus Blut und Tränen. Das Paarzeherchen, aufgeweckter und staunender dreinblikkend als die Leuchten der Kunst und der Wissenschaft, die ich in Universitäten, Akademien und anderen, dem Geistesleben zugeordneten Stätten bemüht fand, ihren Schein zu wahren, das Unschuldsferkel ist viel zu intelligent, als daß es verstehen könnte, warum diese Menschenwelt absäuft nach allen Regeln der Logik und der neuesten Wahnformeln menschlicher Gehirne: Messiasse recken die Arme, weisen gegen einen unbeteiligten, kaltflockigen Himmel, gar in eine Weite, die sich niemand zutraut in dem gallertigen Gewoge von Realitätenhändlern, Gebärmaschinen, Parolenverkäufern, Verhinderten, Kreisläufern, Dumpfdenkern, angegeilten Tagesköniginnen und mit inneren Ohren sinnenden Embryo-Planeten. Hieronymus Bosch was here. Und Goya. Abendfriede über dem allem, nicht Götterdämmerung, nicht Gericht. Keine Apokalypse. Verlöschendes *»Nervengrün«*. Das Auge wandert über den Horizont, durchmißt Lande, wie sie die Niederländer schufen: in die Tiefe gestaffelt, großzügig auf wenigen Quadratzentimetern, wie nur höchste malerische Freiheit das vermag, und kehrt, ruhig geworden, zurück, fähig jetzt zur Solidarität mit denen, die sich dreingeschickt haben, abgefunden, gebettet in Moose und Algenbrei, hinunterdriftend ins Vergessen, hingegeben, offenen Sinnes versinkend. Oder aber es ortet — hinter

dem Schweinchen im Abendschein — das Zentrum der Stille, einen Hain mit einem Hüttchen darinnen. Eine Tür öffnet sich, und Janet Baker hebt an zu singen: »Ich bin gestorben dem Weltgetümmel / Und ruh in einem stillen Gebiet! / Ich leb allein in meinem Himmel, / In meinem Lieben, in meinem Lied!«
Rückert schrieb das, Gustav Mahler steigerte es musikalisch. Rudi Englberger, dem ich diese Schallplatte verdanke, gestaltet es in Farben und Figuren. Die Mehrzahl seiner Gemälde, sei es ein so bezwingendes Antlitzbild wie die »Apfelkönigin« (eine Jury taufte es routiniert-einfallslos: Mona Lisa 70), sei es eine so hauchzarte, hingeduftete Landschaft wie das »Bahnwärterhäuschen in Soyen« (*»Als ich noch jung war* und leicht unter den Apfelzweigen / rund um das trillernde Haus, und so glücklich wie das Gras grün / und die Nacht überm Talgrund von Sternen, / ließ mich der Augenblick hollern und klettern / golden in seiner Augen Blütezeit...«, imaginierte Dylan Thomas solches Verlangen), oder sei es eine der beispiellosen, mitunter dramatisch-dämonischen Großszenen Englbergers, immer ist da, sogar im Gerangel der Schlächtertypen und Maulhelden, der selig und unselig Gepaarten, im Clinch der Küsse — ein Bezirk der Stille, ein Garten, ein Wäldchen, ein Ausweg, ein Brot oder ein Apfel des Friedens.
Näselt der König vom Feuillethron: »Nostalgie, privat, Flucht...!« Und die Akadeministranten knicksen feige-willfährig: »Wir haben auch noch nichts von ihm gehört!« Indes die Zunftgenossen erleichtert aufatmen, denn dank jener scheinbaren Allmacht des Kunstmarktes über die Kunstgeschichte (er fragt ja nicht nach Gehalt und Gestalt, sondern fördert Produkte, die nach der Warenform gemo-

delt sind, wie es das Leben derer ist, die sich mit solchem identifizieren) dürfen sie weiterhin unter sich bleiben, vergleichslos — die Größten.

Aber nein, Englbergers Grant gegen das Leben, das die Zivilisation aufzwingt und dem er begegnet mit Entladungsträumen, mit der Magie seiner Kindheit, dieser Grant ist keine Schrulle, keine private Belanglosigkeit, wie die Pünktler, Strichler, Flächler und Spiralisten neuester Nichtigkeit meinen machen mögen, sondern er ist Kritik. Denn unbefriedigte Wünsche treiben seine Phantasie. Und jede einzelne Phantasie ist die Erfüllung eines Wunsches, ist eine Korrektur der Wirklichkeit. Der unbefriedigten. Und sie läßt wahrlich zu wünschen übrig, die Wirklichkeit derer, die das Leben ersetzen durchs Haben. Ihre Bulldozzer und Planierraupen, ihre seriellen Häßlichkeiten, die auch schon in manchem Sauwalddorf das Auge verletzen, ihre Brutalitäten aus Beton und Eisen bedrängen, entnerven, quälen manches Wesen. Wer möchte ihm die Flucht verdenken, eine Flucht in den Frieden gar noch diskriminieren? Doch wohl zuerst die Handlanger der bedenkenlosen Rechenschieber! Sie, die nicht sein können, sondern immer nur tun, tun, tun, was sie ausblicklos ans Immergleiche des Produktionsapparates kettet, auch dort, wo er sie beurlaubt, ausstattet mit Erlebniskupons, sie haben kein Organ für die Gegenwelt eines Malers, der mit einer seltenen Mischung aus Scharfsinn und Naivität, aus Statik und Bewegung, aus Traum und Trotz die Dinge, die er erschafft — ein Krüglein etwa, eine Frucht oder eine Gewandung —, mit Liebe auflädt. So inbrünstig, so betend, so intensiv, daß sie zuletzt gewaltlos triumphieren, auch in einem Szenarium, in dem zunächst einmal die »großen« Ereignisse, die Götzen, die

aufgetakelten Spektakler, die Kaffeesiederwürde, der Spuk, das Sinn- und Sinnenlose, Rausch, Fieber und Erbärmlichkeit die Aufmerksamkeit des Betrachters abziehen.
Aus dem Atelierfenster des Friedfertigen blicke ich nach Osten: einen Horizont weiter sähe ich bereits den Sauwald! Schon will der Vogel Sehnsucht weiter. Schon spreitet er die Schwingen der Einbildungskraft, da erkenne ich mich in einem Blatt, das der Herbst von einem Obstbaum zu pflücken vergaß. *»Was man das Leben nennt, ist flüchtiger als das Leuchten eines welken Blattes im Wind«*, singt der Vogel und turnt durchs Filigran, bis das feuchtschwarze Geäst als Kalligramm auf mattweißen Himmelsbütten erscheint: »Allmählich wuchs die Liebe zum Lebendigen so weit, daß es Schmerz für mich war, wenn eine Birne im nächtlichen Garten vom Baum auf den Kiesweg stürzte, anstatt in den nahen Rasen, wenn Cäsar, der große Bernhardiner, beim Abendläuten heulte, wenn ein beim Spielen getretener Wurm sich vor Schmerz krümmte und ringelte...« (Rudolf Englberger, in einem Brief aus Roßbach, datiert vom 6. November 1972).
Roßbach, Göttersdorf — »da is mei Vater Roßknecht gwen, scho mit zwölf Jahr! Mütterlicherseits kemman mir aber mehr aus'm Böhmischen!« — Galgweis, Iglbach, Rittsteig — hier hatte Hans Carossa sein Refugium —, Pfenningbach, Passau.

Der wandernde Wald

Saß dort im Schatten von Kastanien, an einem Hundstag, trank mein Bier. Weiß nicht mehr, was mir durch den Kopf ging. Nichts von Bedeutung, denke ich, denn je mehr ich mein Erinnern anstrenge — ein Unterfangen, von dem jeder erfahrene Tagträumer weiß, daß es denkbar ungeeignet ist, Schätze des Unterbewußtseins heraufzuhieven —, je mehr ich erzwingen möchte, desto übermächtiger antwortet Schläfrigkeit. Vom leisen Schblatzen zusammensackender Bierschaumtörtchen, von den Kläffzäsuren, die ein Dachshund mutwillig ins Stimmengebräu setzt, sofern er nicht Zeitung schnopert am Schuhwerk der Gäste, von den Wespen im Drahtpapierkorb, von den verschwommenen Architekturformen und all den Gesäßen und Gesichtern, die mir jetzt in den Sinn kommen, vermag ich nicht zu sagen, ob es sich um Wahrnehmungen »damals in Passau« oder, was ich eher annehme, um die Bildsumme vieler Biergärten handelt, um den Garten der Gärten gewissermaßen, wie ihn wohl die meisten Zeitgenossen hiesiger Hopfen- und Gerstenbreiten in sich tragen.

Aber dann ist da, unüberhörbar-energisch, die große Passauer Sauwaldkadenz, nicht aus den Registern der Domorgel, sondern herübergespielt von einem Solisten am Nebentisch, von einem, der es mir ansah: »Eana siecht ma's glei o, daß S' no weiter wolln, stimmt's oder hab ich recht?!« / »An was sehn S' des?« / »Des kann i ned sagn, aber ma siechts halt!« Ob er auch sehe, wohin ich heute noch wolle, frage ich. Er: »Wenn mi der Toiffe ned am falschn Herndl ziagt, nacha wolln S' heit no in' Sauwald auffe!« Ich nicke. Er: »Zu de Riaßler?! — Respekt! — Sie hamd a Schneid!« / »Weshalb Schneid ?« wünsche ich zu erfahren. Doch er intoniert ausweichlerisch: »Nnnja, i moan halt, so mir nix, dir nix, in' Sauwald, und no dazua mit'm Raadl, also — i moan, des is scho tollkühn!« »Tollkühn? Aber wo soll denn da die Gefahr liegen?« »Die Gefahr liegt ned im Sauwald, sondern die rennt, die

rumpelt, de kimmt daher wia a Haglwetter. Und wen s' derwischt, sagt ma, der is a Leich, der werd in' Grund und Bodn neigwalzt, so tiaf, daß er d' Posauna nimmer hört am Jüngstn Tag!«
Wo man solches sage, kundschafte ich. Er: »Ja im Sauwald, wo sonst!« / »Kennen Sie den?« / »Ja freili, weil von do bin i dahoam!« Gefragt, warum er mir das nicht eher bekannt habe, starrt er, den Atem anhaltend, auf meinen Adamsapfel, mimt den Lauschenden nach innen wie nach außen und überspielt die Tatsache, daß ihm solches Fragen nicht recht ins Konzept paßt, mit dem bedeutungsschweren Gehabe eines Wissenden, dem es hart ankomme, etwas auszusprechen, dem standzuhalten der Gegenüber, ich also, keinesfalls gerüstet sei. Den gläsernen, schlecht eingeschenkten Bierkrug unter der Nase, alles Weiß der Augenbälle an die Redefront werfend, die Rechte, bislang die Ruhe auf der Tischplatte selbst, zauberisch-spreizfingerig neben das Ohr erhoben, löst er die Spannung, die er weidlich zustandegebracht hat, mit seinem »Weil i Eana warna mecht! Warna, warna und no amoi warna!« durchaus nicht. »Vor was denn warnen?« frage ich. Doch nun trinkt er erst einmal, läßt mit dem Bier viel Zeit hinunterfließen. Schluck für Schluck wächst das Gefahrvolle. Auf der fleischigen Nase meines durstigen Oraklers sitzt ein Schaumhöckerchen, zerläuft und wird, offenbar weil es zu kitzeln beginnt, mit dem Stoffkranz, den der hinaufgekrempelte Ärmel glorios um den Bizeps windet, umständlich steif, als bestünde berechtigte Furcht vor einem Auskugeln des Gelenkes, abgewischt. Dann kracht der Maßkrug neben dem Bierfilzl nieder — »öha!« — und es trifft mich ein letzter, prüfender Blick: »Also guad, — nachdem daß s' ja ned oiwei an jedn dabreesln, auffe-

schlenzn und unters Gras einepflüagn, mecht i Eana doch an kloan Rat gebn, aa auf de Gefahr hi, daß s' mi amoi o'packan — aus Rache! Also ruck zuaba doda, daß i' da's sag!«

Großzügig gestimmt in Erwartung des unschätzbaren Geheimnisses, in dessen Besitz ich nun gleich gelangen würde, bezahl ich unser Bier und geb auch noch eine Maß aufs Zukünftige aus. Er dankt mit einem lapidaren »Des hätt's fei ned braucht!«, verabschiedet den Rest im Glase mit einem teilnahmsvoll-bedauernden »Pfüat de, Laakerl!«, begrüßt die neue Maß: »Du kimmst ma grad recht; mit deim Bruader bin i aa scho fertig wordn!«, um sich endlich mir zuzuwenden: »Also, wenn in Schärding d' Saatkartoffeln 's Bluadschwitzn o'fangan, wenn z' Schardenberg d' Henna d' Farbn wechsln, dann hast no Zeit zum Davokemma! — Wenn aber scho amoi der Haugstoa 's Rucka o'fangt und d' Ooachbaam z' Hautzing 's Kaicha und Knarzn überkimmt, obwohl gar koa Wind no ned geht, dann is's hechste Zeit! Wenn aber 's Wetter scho amoi orglt, wenn Pflüag und Ochsngspann durch d' Luft sausn, Dachstühl und Grabstoa daher schwirrln, wenn scho amoi der Blitzgott Eschn schwertlt und Kirchtürm' sprengt, dann hilft koa Betn nix mehr, dan sans' im Kemma, dann sans' nimma weit!«

»Reiner Zufall« sei es, meint er, wenn ich dann noch überlebte. Denn nun wandere der Wald. Aus Angst, sage man, vor denen, die da kämen. Büffel seien »Ratzn« gegen sie und...

»Da Blitzgott, hast dees g'hert!«, höhnt es da hinter der Kastanie. »Der Blitzgott und fliagate Ochsngspann! Ja Beppi, daß du doch oiwei wieder oan findst für deine Schpofankal!« — Hervor tritt, dümmliche Heiterkeit auf rosig-feuchtem Gesicht, die Bierfahne nieder, ein Endfünfziger. Doch die Schadenfreude, meinem Rhapsoden eins ausgewischt, den wilden Lauf seines Geisterheeres, wer weiß, vielleicht sogar den Galopp einer schwarzborstigen Kollerwolke tobwütiger Urkeiler unterbrochen zu haben, klingt bei all der betulichen Harmlosigkeit unüberhörbar aus der Sülzenstimme des ungebetenen Stammgastes: »Glaam S' eam nix! Ois, was der vazählt, san Krampf! Sei Vater war aa scho so oaner; i hab'n no kennt!« Wehmütig lächelnd erhebt sich mein Sauwäldler: Es täte ihm leid, daß er mir nicht Weiteres mitteilen könne, doch »so niachtane Leit wia dem — niachtan aa, wenns' alle Tag bsuffa san, damit ma uns richtig vaschtengan!« — gehe er schon seit gut zweitausend Jahren aus dem Weg. Mit einem gekonnten Schlenzer, hierzu nur die Rechte und das Knie gebrauchend, plaziert er den Gartenstuhl, auf dem er gesessen, ordnungsgemäß an den Tisch. »Des wissn mir scho aa, daß's koan Blitzgott ned gibt! Und trotzdem gibt's oan, vaaschtehst! So, wia's aa an Boandlkramer, an Dürrling gibt, obwohl's koan gibt! — Des ist hoit amoi insane Art, d' Welt zum O'schaugn. Insane! Aber so Oa-Augerte wia du...« — jetzt schneidet sie provokant-verächtlich, die Stimme des verletzten Barden — »sehng freili ned mehr, als was auf'm Lohnstreifn steht!«
Den zugelaufenen Nachbarn hat diese handlose Ohrfeige empfindlich getroffen. Bittersüß grinsend senkt er den

rosaroten Kugelkopf, duckmäuserisch abwartend. »Wissen S'«, nimmt der andere den Geißelstrick seiner Rede wieder auf, solche Übergescheitlinge, die sich für moderne Menschen hielten, weil sie keinen Gott nicht mehr glaubten, keine Geister und auch »koa Seel in der Natur nimmer«, was nicht ausschließe, daß sie ihrem Dackel übermenschliche Intelligenz zusprächen, »solcherne Bildzeitungsphilosophen, de wo moanan, wia aufklärt daß s' san, weil s' koan Bilwiß und koa Hollermandl nimma geltn lassn«, gerade die hätten den »höchstn Aberglaubn«, nämlich den, daß sie meinten, sie seien sie. Dabei stehe das doch nur im Personalausweis, den »a doikata Beamta« gestempelt habe, auf daß die Arbeit nicht ausgehe.
Beherrschte Erregung in der Kehle des Barden, Kraft, die noch zulegen könnte. Der ihn anfangs vertraulich »Beppi« geschulterklopft hatte, will jetzt vom Stuhle, die Schläfen geschwollen, die Faust geballt. Souverän-ungerührt indessen der Barde: »Brauchst gar ned ans Raaffa denka, Manndai, heit hilft dir eh koaner bei der Hitz!« Zudem führe die Donau heute »zum-Stoaner-Zähln« wenig Wasser, was die Landung in ihr schwierig gestalte, sofern das Schicksal nicht gnädig und der Schwung des Hinauswurfs so bemessen sein würde, »daß de im Boarischn Woid wiedafindst oder gar bei de Tschechn drent!«
Womit der Sauwäldler ausspuckt, den Hut zurechtrückt und gegangen ist. Zwei-, dreimal dreht sich der schweißgesalzene Bierglobus auf wohlumspecktem Atlas, dann nimmt er schnaufend seine ungelenke Bahn, glasigen Blicks. Einige Tische weiter sinkt er in die Stühle und sägt und schnorchelt im Gesumm von Fliegen.
»Insane Art, d' Welt zum O'schaugn.«! Ja, der ungehal-

tene Barde wußte sich trefflich abzusetzen von dem ältlichen Räuschling, der für so viele »Nüchterne« steht, vielmehr hockt, in einem bilderlosen Dasein — und aus dieser Enge heraus stets bereit ist zur Flucht nach vorn, zur Aggression gegen die Phantasie, wo immer sie sich zeigt, die verführerische Schwester der Freiheit, die spinnert, »nicht ganz normal« anmutet all denen, die ihren Geist mit Brotwissen abspeisen, ihn furchtsam zur Ordnung rufen, wenn er einmal die muffigen Tapeten übernommener Weltanschauung zu freiem Spiel verlassen möchte. Weil aber die Kreativität, die allein uns des Mechanischen zu entheben vermag, nur aus dem Spiel erwächst, das jene scheuen — es könnte sie in zu viel Freiheit stürzen —, fehlt diesen Kümmerlingen jegliche Produktivität, die aufzubringen hat, wer teilhaben will an einer Produktion. Nein, es ist nicht Unvermögen, was die Bilderlosen im Grau der Langeweile hält, nicht angeborene Unfähigkeit, in Bildern zu denken, die sie von den Welten der Sehenden trennt, als vielmehr Trägheit, Gleichgültigkeit gegenüber dem Lebendigen, das also, was der Baier in den Adjektiven »lätschert« und »gschtingat« zusammenfaßt.

Kubins Cilli: »Da bin i schaugert wordn«

»Schaffen und empfangen können ist wahrscheinlich im Tiefsten dasselbe…«, schrieb der Magier von Zwickledt, dessen Arche ich ansteuere, von Passau aus südwärts; zur Linken den Sauwald, zur Rechten den Inn. Der Visionär der Traumstadt Perle, die für Kafka nicht minder bedeutend wurde wie für Hesse, Kasack, Beckmann, Feininger und Klee, der Künder von Menschheitskatastrophen, der

am liebsten auf altösterreichisches Katasterpapier zeichnete, was Dekaden später »Realität« werden sollte, fand sich schon in jungen Jahren denunziert als »abgelebter Sonderling«, nur, weil er vor Augen hielt, was die Mehrheit nicht wahrhaben wollte. So sah ihn eine Feuilledrohne: *»... in einen violetten Samtmantel gehüllt, aus einem Mäuseschädel Absinth trinken, um seine Phantasie zu beleben.«* Doch für diese Jourkanaille wie für die anderen Geiferer hatte Kubin ebensofrüh ein mildes Lächeln. Er wußte: *»Erkennen und sehen wollen ist immer die Vorstufe zum wirklichen Erkennen und Sehen.«* Seine Haushälterin, Cilli Lindinger, bestätigt es, wenn sie erzählt, wie sie gelegentlich die Zeichnungen des Meisters betrachtete, ohne sich zurechtzufinden — »a paar Blätter ausg'nommen, die ich gleich mögn hab', wissen S', der witzige Kubin, den's ja auch geben hat!« — und wie er, ihr Interesse bemerkend, das eine oder andere erklärte. Bald habe sie sich nicht mehr, wie anfangs, geniert zu fragen. »Und auf amoi«, sagte Cilli, »und auf amoi bin i schaugert wordn!« Dank und Erregung schwingen mit in ihren Sätzen.

Seit 1906 lebt Kubin in dem einstöckigen Gemäuer, auf dessen Sattel ein Türmchen reitet. Lebt. Präsens. »Jeden Augenblick könnte er daherkommen!«, faßte ein junger Mann, mit dem ich mich in Bayreuth über den berühmten Ort unterhielt, seine Eindrücke zusammen.

Auch die Gastlichkeit, die weiland Georg Britting, Ernst Jünger, Hans Carossa und mancher andere, der seinem Denken Folge gab, zu schätzen wußten, ist noch nicht fortgezogen. Dank Cilli! Dämliche Weltklugheit bleibt draußen, wenn sie, der gute Geist des verwohnten Gehäuses, hereinbittet unter das Katzengewölbe, in die Dämme-

rungswelt blinder Spiegel, blatternder Bilderrahmen und ungestört träumender Möbel, vom Drachenei zu erzählen — Kubins metallener Wärmflasche —, vom Rhythmus seiner Arbeit mit Krähen-, Hühner-, Stahl- und Adlerfedern, mit Binsenrohr und Getreideähren, von dem Tag, da im Inferno amerikanischer Geschütze Granatsplitter durch die Räume sirrten — der Zeichner arbeitete gerade an Bildern zu Georg Trakls »Offenbarung und Untergang« — und vom Zweiten Gesicht des Künstlers, wie es des öfteren, besonders denkwürdig aber an einem Samstagvormittag des Jahres 1944 Schweigen gebot: Kubin habe am Zeichentisch gesessen, während sie häusliche Arbeit verrichtete, als die Portalglocke läutete; schwach erst, energischer dann, zuletzt stürmisch-unwirsch, als begehre ein Rasender Einlaß oder ein Verzweifelter. Sie sei geeilt, nachzusehen. Doch sei kein Mensch zu erblicken gewesen, auch im Garten nicht, den sie abgesucht habe. Und auch ums Haus niemand in der Windstille. Da sei sie zu Kubin hinaufgegangen und habe ihm das seltsame Begebnis mitgeteilt. Doch er habe sich weniger erstaunt als besorgt gezeigt und gesprochen: »Es wird doch am Erich nix passiert sein!«
Nicht lange, und sie hätten den Tod Erichs — der Großneffe Kubins war Flieger — zur Kenntnis nehmen müssen. In einem Gefecht überm norddeutschen Raum ließ er sein Leben: zu der Stunde, als in Zwickledt das Glöckchen bellte.
Mit den Jahren meiner Besuche im Kubin-Haus ist es eine unauffällige Tradition geworden, daß mich Cilli Lindinger für eine Weile allein läßt in der Bibliothek des Meisters, worin manche seiner Sammelwerke aufliegen: Bilder, wie sie mir seit der Kindheit vor der Seele stehen, die

mich aber, im Gegensatz zu früher, nicht mehr alptraumartig verfolgen, weil ich in des Sehers Schule leben lernte mit ihnen. Wie der neolithische Magier den ungeheueren, beängstigenden Büffel, der ihn bedrohte, dem er sich aber zu nähern hatte, wenn er ihn erjagen wollte, auf eine Felsplatte bannte, um seiner habhaft zu werden, so band der Magier Kubin die dämonischen Schreckformen, die Erscheinungen des Zwischenreiches auf Papier. Und wie er sich selbst — gestaltend — befreit haben mag vom Druck des Erlebten, hilft er auch anderen zu einiger Sicherheit gegenüber den Kräften, denen erliegt, wer glaubt, sie ignorieren zu können, an denen jedoch wächst, wer sich ihnen stellt. Abgesehen davon, daß die von Kubin so eindringlich sichtbar gemachte Nachtseite des Menschen und seiner Welt bedeutend genug ist, gründlich studiert zu werden — wir können nicht genug über uns selbst erfahren —, erschließt sie auch Dimensionen der Freude, Abenteuer des Geistes, wie sie bevorzugt von Künstlern ausgehen, die Aug in Aug mit dem Abgründigen wirkten. Der Zeichner war sich dessen bewußt, als er schrieb: *»Der Tod, welcher mit den Jahren immer vernehmlicher ins Leben eingreift, ist ein paradoxer Ansporn zu geheimnisvollem Genuß.«*

Die Sinne sind eins

Durchs offene Fenster schelten Kibitze. Der Nachmittag — unter den Bäumen atmet schon Nacht — bringt eine melodische Schwächung, ein Nichts-mehr-Begehren, inneres Vergehen. *»Gern legt man dann sich hin und vertraut sich dem All an, das uns hervorbrachte aus dem Unergründlichen.«* Dieser Satz aus Kubins Briefwerk, jetzt hat er seine, hat er meine Stunde. Planetenfern singen Zikaden. Bewegungen werden zu Mehl. Die Sinne sind eins. Durchs Auge strömen Töne. Das Ohr schmeckt Dämmerung, und aus der Kühle, die der Vorhang fächelt, blicken zwei Teiche, angefüllt mit Staunen: ein Fabeltier mit Lipizzanermähne. Aber der Parkwald, worin es ruht, versinkt im Traumsee. Stattdessen tauchen Gebirge herauf, balkanische Dörfer. Turbanträger schmauchen langstielige, erloschene Pfeifen. Über den Tisch des Hauses zischeln Vipern. Schakalgebell. Fledermausschwärme. Heere von Ratten. Der Ibis am Rande der Stadt weiß mit dem Buckligen zu sprechen. Rostende Mechanik. Stillstehende Mühlen. Im trüben Schein der Gaslaterne entzieht ein Mann mit Melone einem Mann mit Melone den Schatten. Weiter nichts! tutet ein Ohrenbläser aus dem Rachen der Boa. Und ein dunkler Turm bricht nieder. Ein Bett auf dem Stadtplatz, daneben ein Stuhl. Krähengewölk. Mannshohe Spinnen. In der Brandungshohlkehle hinterm Hafen, hinter den Geisterschiffen, strandet ein Riesenfisch. Aber die Menge sieht's nicht, das Zeichen. Weil die Kameltreiber kommen. Lanzen und Fahnen zucken im Takt zur Janitscharenpauke. Narrentanz und Schellenbaum.

Das ist schon immer so gewesen! tutet der Ohrenbläser. Warum sollt's heute anders sein? antworten die Kalbsköpfe und gießen Wasser über die Sau am Spieß. Und im Keller steht ein Greis im Hemd, aus dem Schlaf gerissen. An die Wand gestellt vom Monster Mehrheit. Noch ein Ruck, dann wird er festgenagelt sein, gepfählt vom völkischen Zeigefinger, der auf ihn zielt, einen phallischen Schatten werfend ins Graue. Weißbart, wo ist dein Judenstern? Du hast keinen? Du bist kein Jude? Ah, das tut nichts zur Sache, Tatterchen! Es wird sich wiederholen. Unter anderen Vorzeichen. Ein panisches Pferd jagt durch den Stollen. Hier in den Grüften wird gefoltert. Der mit des Deutschen Michels Kappe umfängt einen gequetschten, geräderten, geschnetzelten, knochengeknackten, gepeitschten Leib. Er schleift ihn aus der Katakombe. Zur Leichenhalde. Ordnung muß sein! Wo anders gab's das auch! Außerdem waren es nur fünf Millionen, nicht sechs! Maßlos übertrieben das alles! Und sogleich das Drängen aufs Vergessen: Muß denn das immer und immer wieder gezeigt werden? Kann man nicht endlich einen Schlußstrich...?!

Hei, welche Eile, welcher Eifer, durch anklägerisches Auf-die-anderen-Deuten sich zu dispensieren von der Selbstbesinnung! Und wie großzügig: Gut, wir sind schuldig. Aber dafür muß jetzt... Und im Tonnengewölbe prüft man erneut die Daumenschrauben. Und der Jüngling in Hippi-Uniform, make love not war im Knopfloch, berichtet strahlend am Mittagstisch: »... haben wir im Deutschen ganz schön zur Sau gemacht, richtig fertig gemacht!« Die morgen dran sind, haben »Wichtigeres zu tun«: zählen Zaster, bebrüten Weib und Gut, fischen in der Luft, begaffen Karaffen, Fakire und Menschenaffen...

Was die Bilder Kubins vor mir auf dem Tisch so beunruhigend, so aktuell, so zwingend jetztgültig macht, bei allem Es-war-einmal der Architektur, der Vehikel, des Mobiliars, der Gewänder und Dinge, bei allem Weitab der Region, aller Eingesponnenheit der Orte, das ist die Dramatik des Verborgenen. Noch steht alles bevor: auch wenn's schon drunter und drüber geht. Es ist nur der Anfang. Der Lärm, das Getue, die Geschäftigkeit, das

Tamtam, das so viele Leutchen bereits für »das Weltgeschehen«, die Epoche halten, sie sind so trügerisch wie die Ruhe. Stets braut sich was zusammen, bahnt sich etwas an. Die Luft mag muffig, waldwürzig, polar oder wüstenheiß sein, sie knistert vor Spannung. Jede Sekunde ein Nochnicht. Jetzt? Nein, aber gleich. Jetzt? Nun schreckt mich schon die Klinke, die nicht gedrückt wird, die Wespe, die nicht zusticht, die Vase, die nicht stürzt, das Lächeln, das unterbleiben könnte... der Riesenvogel, der nicht herbeirauscht, mich aus dem Bibliothekszimmer zu picken.
Hellwach gehe ich hervor aus dem schlaftönigen Nachmittag, witternd, tastend, ortend, als gelte es, das Gegebene von Grund auf neu zu überprüfen, lauschend, spähend, als bestünde jetzt eine besondere Chance, weitere Blicke auf die andere Seite zu tun, hinter die Kulissen, die sich der Wahrschau zu öffnen hätten, gleich der unter Tapeten verborgenen Tür eines Palastes, als dessen Gefangener sich der Gast, auch der verwöhnteste, betrachten darf, solange er nicht aller Mechanismen, Gänge, Falltüren, Schliche und Spione Herr ist. Solcher Gespanntheit der Sinne wird jeder Stein wichtig, jede Maserung, jedes Geräusch. Freilich folgt diesem erregten Suchen nach Zeichen und Signalen alsbald ein müdes Lächeln. Ein müdes, kein enttäuschtes. Denn es enthüllt sich dem Beunruhigten, dem auf Selbstsicherung Bedachten zwar nicht das große unbekannte »Etwas, das den Himmel überm Berg hält«, wie die Bauern im Sauwald sagen, doch immerhin entdeckt er, dem Ducklauf einer Amsel folgend, eine geöhrte Brillenschote, ein zweifelhaftes Kratzkraut, eine prächtige Siegwurz, einen gemeinen Augentrost und, sieben Handspannen neben bitterem Lorbeer,

eine schamhafte Sinnpflanze (Mimosa pudica), die, wie mancher unerfahrene Poet, vor allzu rempeligem Publikum, bei Berührung die Blätter einrollt.

Stelzhamer kommt

Das Kubinsche Reich verlassend, überquere ich wieder einmal die Straße Passau/Schärding und habe Schwierigkeiten, mich als korrekter Verkehrsteilnehmer zu verhalten, so sehr gehört dieses Wegstück bereits zu meinen Seelen-Landschaften, in denen Autos nur eine schemenhafte, Gestalten hingegen eine führende Rolle spielen: ein Blick nach Norden, und da kommt aus der Dreiflüssestadt Franz Stelzhamer gezogen, brav und verwegen zugleich, an der Seite des »Müaderls«, das ihn, den Hals über Zylinder verschuldeten Schauspieler des Königlichen Theaters zu Passau, am Stadttor hat auslösen müssen. Aber, der Schlankel! Mit jedem Schritt wird er gsprachiger. Am Morgen noch kläglicher Kollatzer (Hungerleider), ja, ein nichtsnutziger Herrengspieler in den Augen des »pfnottatn Schieri« (des mürrischen Gerichtsdieners), ist die Gall schon wieder fortgfladrazt und die ersten Schnaxen steigen auf, daß sogar 's rebi Glachter vor'm Müaderl ned Halt macht.

Noch freilich ist er nicht der »Franz von Piesenham«, der sich »vom Dorf den Adel nahm«. Noch ist er nicht der umworbene Dichter. Nur von ein paar halbschaarigen Rührstücken weiß er jetzt zu berichten, die er im Winter 1836 mitaufführen half, von seinem Stockwort, hinkünftig nicht mehr ganz so viel Augen auf dem Wirtshaustische liegen zu lassen, und von einer Handvoll Gstanzln, die er, viel lieber Sterndlgucker als Raaftoifel, in letzter Zeit

verfaßt habe. Und, um bei seinem Müaderl »a Bildl ei'z'legen«, gibt der Spendable sogleich ein paar *Kostproben* seines reich instrumentierten Bairisch, das ihm alsbald tosenden Beifall in den Sälen zwischen Linz und München, die Gunst des Königs, ja, sogar die Huldigung Adalbert Stifters einbringen wird.
Das Müaderl hört gern zu, läßt sich vom Franzl »Himml und Höll af der Welt« zeigen und »In Vogl sein Früahlings-Gsang« übersetzen, »wia's ebba lautat, wann er redn kunnt.« Da pfingatzt's und blingatzt's, da kreiseln Güllerschroa beim Dehnaus, da glinst's und tamerlt's, bründelt's und brodelt's, lechazt's und strodelt's, daß es eine Pracht ist. Da sehe ich mich sogleich in den östlichen Sauwald, in die Kopfinger Waldschlucht versetzt, wenn es heißt: »Durih a endlangs Holz / Voll Wibeln und Wan, / Voll Lassn und Lan, / Kam zum Duridadrahn«. Wahrlich, solche Sprachmusik hört man nicht z'Buamasquicks und z'Trippsdrill: was innviertlerisch heißt: nicht überall.

Richard Billinger — nicht totzuschweigen

Bis Schärding werden der Franz und sein Müaderl heute wohl noch gelangen, vielleicht gar bis St. Marienkirchen, von wo ein ganz anderer, doch in manchem höchst verwandter Sprachkünstler herstammt: Richard Billinger, der Dichter des Inn. Kubin schuf kongeniale Federzeichnungen zu Billingers Drama »Rauhnacht«, das 1931 in den »Münchner Kammerspielen« — Therese Giehse wirkte mit — uraufgeführt wurde. »Der Stoff liegt mir, wie Du Dir denken kannst«, schrieb Kubin damals an seinen Freund unter der Rachellinie, an den Böhmerwaldmaler Reinhold Koeppel.

Das war die große Zeit Billingers, dessen Erzähl- und Bühnenwerk, und hierin ist es ganz innviertlerisch, aus dem Riß zwischen Heidnischem und Christlichem, später zunehmend auch zwischen dem traditionell-bäuerlichen und dem unaufhaltsam vordringenden maschinistischen Denken keimte. Litera-Toren, die seine Bücher gar nicht oder nur durch trübe Tagesbrillen gelesen haben, befleißigen sich darin, Billingers Namen in Blut und Boden zu verdammen, wo es nicht gelingt, ihn totzuschweigen. Daraus erklärt es sich, daß es geradezu Detektivarbeit kostete, seine Schriften aufzutreiben.
Mit der Lektüre setzte sogleich das Staunen ein. Nicht nur, daß ich in Billingers Gedichten — neben manchen Holperigkeiten und einer Reihe ungewohnter Sprachfiguren — kühne, mitunter genialische Setzungen fand; nicht nur, daß ich auf Prosa-Passagen von seltener Dichte traf — am eindringlichsten dort, wo der Autor dämonisches Getriebensein, Dingfrömmigkeit, Landschaft und Leibseligkeit gestaltete —, mehr noch: es erschloß sich mir eine Enzyklopädie Innviertler Lebens, so reich, wie Stelzhamers Wortwelt sie andeutet, doch hier ins Sichtbare und somit ins Faßbare gesetzt: ein volkskundlicher Bilderreigen; als da sind Vorgangsbeschreibungen, Namen und Verwendung von Gerätschaften, Brauchtümer, Sinnsprüche, Lieder, Mären, Schicksale, Ortsbilder und Portraits von Häusern.
Daß die Verleger, denen Billinger dermals reichlich Geld einbrachte — manches seiner Bücher wurde verfilmt, »Die goldene Stadt« lief sogar als ein Seller in den Kinos, ebenso »Wen die Götter lieben«, ein Film um Wolfgang Amadeus Mozart, Novelle und Drehbuch von Richard Billinger —, daß die Verleger ihn heute vergessen haben, mag in jenem

»Denken« wurzeln, dem alles, sogar menschliche Beziehungen, Ware ist. Daß aber just die eifrigsten Vertreter des neu-heimeligen Geraunes heute, die ich auf Billinger hin ansprach, die wanstig-sonoren Herren in Kulturämtern und die ackerkrumensüchtigen Heimat-Redakteure, die das Leben in einen Andachtsjodler und alle Probleme unserer Zeit in ein bäurisch-gschnappiges Sprücherl auflösen wollen, daß ausgerechnet sie, die Bayernlandltreuen, die weiß-und-blau-, aber kleinkarierten Fürsprecher einer Heilen Welt nichts von Billinger drucken, das ist schon beinahe wieder ein Beleg dafür, daß sich's der Dichter des Inn sooo einfach nicht machte, wie jene es gerne hätten. Über solchen Gedanken, gelichtet durch Billinger-Zeilen — »Die Ähren stehen wie vor Gott« — »Lerche in den Lüften steigt. / Meine Seele schwelgt und schweigt.« — finde ich mich in St. Roman, im Herzen des Sauwaldes, sofern er nicht wieder einmal »woanders« sein sollte.

Ein Gichtbrief

»D' Sunn macht an Pelz«, sagte Stelzhamer, sähe er den wolkenboschigen Himmel jetzt. Da ich trocken nach Vichtenstein gelangen möchte, zu Obilot in die Schloßtaverne, verzichte ich darauf, im Heimathaus jene verblichene Handschrift vollends zu entziffern, einen Gichtbrief, den ich dort während meines ersten Besuchs — an einem Wintertag mitten im Frühling — anlas, jenes energisch-fordernde und zugleich flehend-unterwürfige Dokument heidnisch-christlicher Gedankenehe, das da beginnt mit den Worten: »Ich beschwör dich Gicht / und bescheid / bei der Sonne und Mond und bei / den heiligen fünf Wunden unseres lieben Herrn Jesus Christus / und

dem heiligen Blut / das aus seiner heiligen Seite fließt / und das Gott hier auf Erden...«
Den Weg zum St. Romaner Heimathaus, das hinter einer welligen Flur im Westen des Ortes versteckt liegt, beschrieb uns eine Bauernfrau im Dorfe, doch erst, nachdem sie uns freundlichst in die Kuchl gebeten und zu Mitwissern ihres Befindens gemacht hatte: »Dölmals«, vor sechzig Jahren, sei es ihr ein Leichtes gewesen, den Gnadenort auf dem Haugstein »z' dahatschn«, doch heute, wo schon der Neunziger anklopfe, müsse sie froh sein, wenn sie noch hinter »de Gadernsprisseln« (hinter den Stäben des Gittertürchens) »Pfnacht« bekäme, Luft. Manchmal denke sie sich: »Schlickeradi« (sapperlot), soll denn auch der Gang zur Sonnenbank nicht mehr zum »Derpfneha« sein; doch solches sei, wie gesagt, nur selten der Fall. Genau »o'gschaugt«, lebe sie schon dreißig Jahre vor dem »Droi-Knöllerl-Tag« dahin, und der »Herr Dokter«, den sie alle Zeiten einmal mit einem kleineren »Nisi« (Hemmnis) aufsuche, tröste sie stets; letztmals mit den Worten: »Ja mei, Frau! Schaung S' eana Alter an, und schaung S' as Wetter an, — dann wissen S' ois!«

Der gejagte Jäger

Mit dem Gnadenort meint sie das Kircherl auf dem Haugstein, das zum Gedenken an die wundersame Errettung Leopold Greiners in den Forst gesetzt wurde. Der war Jäger im Dienste der Burg Vichtenstein und recht eifrig darin, den Wilderern im Sauwald das Handwerk zu legen. Aber eines Tages geschah es, daß die Gejagten den Jäger jagten — und er »wurde allhier an einen Buchenstamm gebunden«. Mit dem Kopf zur Erde, wie es heißt.

»In' Ameisnhaufn mit'n Gsicht«, wie einige präzisieren. Doch der Gerechte, da er schon nicht mehr hoffen durfte, »wurde durch die Fürsprache der Gottesmutter befreit. 1697. Ein Strunk des alten Buchenstammes ist im Kapellenaltar eingemauert.« So informiert das Taferl.
Wer Näheres zu erfahren wünscht und bei den Waldbauern in der Umgebung fragt, kann hören: Eine Hirschkuh sei es gewesen, die des tränenreichen Greiners Fesseln durchbiß. Eine Variante, die ich in Pirkenwang notierte, besagt indes, die Ameisen selbst hätten die Stricke des Gefangenen in ihre ansonsten gewiß nicht befreienden Zangen genommen. Wieder eine ander Fassung imaginiert eine tiefblaue Wolke, die herabgekommen sei, Blitze schleudernd nach den Wilderern. Oben aber thronte — und ihr Glanz ward bis weit ins Böhmische hinein wahrgenommen! — ihre Majestät, die Regina Coeli, höchstselbst, und löste die teuflischen Bande des kopfstehenden Waidmanns, um, noch bevor der Gerechte ein Vergeltsgott hauchen konnte, wieder himmelan zu schweben, in einem Wind aus Musik.
In einem Wind schleifender Schneekristalle sehe ich den romanischen Bergfried der Feste Vichtenstein, auch jetzt, da Glühwürmchen durch die Sommerluft taumeln. Aber das Bild der Winterburg — »in fahlem Lichte steht ein Turm« —, das ich während eines Osterspazierganges schauen durfte, ist, wie sich nun zeigt, vorherrschend geworden. Da mag die mittelalterliche Anlage, im 16. Jahrhundert vielfach umgestaltet, noch so rotgolden in der Abendsonne leuchten, zu eindrucksvoll erhebt sich das vieltürmige, verwinkelte Eulengemäuer aus den Schneeschleiern. Über den Finsterwald jagt der Mond, ein stählerner Riesendiskus, himmelhinab. Die Häuser des

Straßendorfes Vichtenstein aber hocken kuschend an der Donaukante, im Halbrund um den Felsenhünen. Mit Wolfslichtern starren sie hinüber.
Von allen Burgen, die ich in meiner Kindheit baute, steht nur noch Vichtenstein. Sie entspricht so ganz den Vorstellungen des Baumeisters, der seine Schutz-und-Trutz-Architekturen, angefüllt mit Schätzen, denen er später elfenbeinfarbene Herzdamen hinzugewann, auf die weißen Kuppen und Kegel des Kopfkissens oder der Bettdecke setze. Und so ist es nicht klassenkämpferisches Denken, nicht Neid, sondern aus Enttäuschung geborener Zorn, der mich einen unsichtbaren Fehdehandschuh unter den Einstieg, unter das gratige Kreuzgewölbe schleudern heißt: jedesmal, wenn mir diese »meine« ureigenste Burg Vichtenstein den Eintritt mit dem wenig heraldischen Schilde verwehrt: *»Gehen Sie bitte nicht weiter, mein Hund ist bissig!«*

Wuschiana

»Was hoaßt da bissiger Hund?! Unsereins hat an russischen Bär'n auf d' Schulter g'legt! Da werd jetzt neiganga — und wenn der Hauswolf, der Tyraß, ebbs wui, g'lang i eam in 's Zahnschachterl und ziag eam an Magn übern Kopf!«, bringt sich Wusch ins Gespräch. »Jeden Augenblick bin i im Daherkemma!«, sagt er und leckt sich die Nase blank. So weit reicht seine Zunge, weiter noch!
Durchaus möglich, daß Wusch heute in der Schloßtaverne auftaucht, in Dingsbummsfallera, das er besonders gern besingt — vor allem, wenn er in »Landlerstimmung« ist —, oder in der rauchgebeizten Stube des Kastanienwirts zu St. Ägidi. »Plötzle bin i da, — schneller wia des erste

Bier, Frau Wirtin!« Die Angesprochene zögert, dem Niemandweißwoher im grauen Regenumhang, der so seltsame Sätze spinnt, auszuschenken. »Und an doppelten Obstler dazua: wissen S', i bin heut ganz auseinand. I hab an Todesfall ghabt, an Todesfall. Todesfall, Todesfall.« Ein Falter berennt das matte Geisterlicht überm Stammtisch. Das Gespräch dort erlosch bereits, als der Unbekannt aus der wetterleuchtenden Mitternacht hereinkam. »Des is a ganz a Ratslerischer!«, mumpfelt einer über seinem Wurstsalat. »Mit'm Moped is a kemma!«, raunelt der nebendran. »Wenn ned gar auf der Höppin!«, gibt ein dritter zu bedenken.

Von einer solchen Mauer des Mißtrauens wendet sich Wusch ab. Hinten, an einem Ecktisch, hat er zwei späte Gäste entdeckt. »Glaubn S' mas«, adressiert er an die, »mia warn zammgschwoaßt, wia seltn jemands! Mit a feurign Goaßl hättens' uns ned auseinand bracht!« Und damit kippt er den Obstler und schüttet das Bier hinterdrein. »No amoi des Gleiche, Frau Wirtin, sonst derleb' i's nimmer!«

Nun hat er unterwürfigst Platz genommen, sitzt, die Hände artig auf die Schenkel gelegt, gehörig abgerückt von den Fremden am Ecktisch, aber doch nahe genug, um sich noch zu ihnen zählen zu dürfen, sie ins Gespräch zu ziehen: »Na, na, — i glaub, mi trifft heut no der Hagelkern!« »Der Schlaganfall, weshalb?«, frage ich. »Weil so vui koa Mensch ned aushaltn ko. Ned amoi i, der i grundsätzlich in Starkstromkabel neiglang. Aber der Volt und der Ampèr hat mir sein Lebtag ned darennt! Beim Landlerdrahn auf am handbroatn Schammerl hat's mi g'schmissn, daß i mit mein' Schädl a Kachel vom Ofn eidruckt hab, aber nix is higwen!«

Den Russen, reiht er die Bilder seines Lebens weiter, habe er einen Panzer gestohlen, »mit der Artillerie habns ma ins Mai einegschossn, daß d' Zähn herausd warn«, im Abschnitt 707 — »den kennen S' eh!« — habe er einen wilden Eber niedergerauft, im meterhohen Schnee, bei einer Kälte, »daß d' Baam explokrepidiert san«; doch das alles seien »Lapalan-Zeigsummanand«, gemessen an dem Schlag, der ihn heute aus heiterem Himmelherrgottsakramentnoamoihättsdenndesbraucht? getroffen habe. »Darf man fragen, was passiert ist?«, kundschaftet mein Partner am Ecktisch. Aber der Bratschenspieler Johann Peter Schwanthalers des Älteren, die leibhaftige, wenngleich immer noch etwas hölzerne Wiedergeburt des geschnitzten Musikanten, dem wir tags zuvor in der großen Schwanthaler-Ausstellung des Stiftes Reichersberg begegnet waren, winkt ab: »Nicht zum sagn, nicht zum sagn!« — »Wie war das mit dem gestohlenen Panzer?«, lenke ich ab. Da erhebt sich Wusch feierlich, grinst von Montag bis Freitag, zwinkert uns vertraulich an, äugt, als sitze dort das Unheil, zum Stammtisch hinüber, wo der Palaver noch immer nicht wieder in Fluß gekommen ist, und — legt seinen Gummiumhang ab. »Normalerweis bin i scho dreiunddreißigmal lebendigerweis gstorben und begraben. Aber —«, und damit beugt er sich herab, »jetzt g'langen S' mir z'erst amoi da an' Kopf, sooo — und jetzt g'langen S' mir noch auf den Arm und druckn a bisserl, soooo, und jetzt habn S' zwei von meine sechsasechzg Granatsplitter! Es ist ja ned aso gwen, daß a deitscher Landser nix kriagt hätt!«
Argwohn im Blicke nähert sich die Wirtin mit dem Neubestellten. Das Bierglas nimmt er ihr augenblicklich aus der Hand: »Mit Erlaubnis, mir packen's glei!«, und

gefällt sich darin, nach einem geräuschvollen Zuge, dem ein vehementer Hegatzer, ein Aufschlucker, folgt, mit dem Glase einen imaginären Tisch abzutasten, bis wir ihn heißen, näher heranzurücken. Das freut ihn, denn mit uns ist er gegen jeglichen Einwand von seiten der Wirtin gefeit. So stellt er, wieder einmal ein Landlerfragment posaunend — aber ohne Posaune, nur mit dem Munde, was ihm keiner nachzumachen versteht —, das Glas aufs Filzl, reißt dann, anstatt sich zu setzen, die Arme empor und führt, überraschend elegant und geschmeidig dabei, einige Tanzschritte in die Mitte des Raumes.
Da gibt's sogar Beifall vom Stammtische. Doch Wusch weiß um die Fragwürdigkeit solcher Gunst. Mit einer lässig-verächtlichen Handbewegung, die besagen soll: Auf euer heuchlerisches Lob geb ich gar nichts! Wollt euch doch nur vor den Fremden rausputzen! Glaubt ihr wirklich, ich hätte euer feindseliges Wittern, das mich statt eines Grußes empfing, schon vergessen?, wendet sich Wusch demonstrativ-ausschließlich uns zu, naht in winzigen, roboterhaften Schritten, die Arme automatensteif, um — und das bei einer steinstarren Gesichtsmaske — zu verkünden: »Also, da« — er tippt mit der Spitze des Zeigefingers auf die Tischplatte — »war die Feuerlinie umma. Und da, wo jetzt der Tropfatzer is', habn mir durchmüssn. Durchkemma bin oanzig i! Herkemma lassn, hab i ma denkt. Und dann lautlos entfernen. Und scho is 's losgangen. Meine Herren Exkremente! Wusch! Stalinorgeln aa no dazua. Da bin i im Dreck gflackt mit Blut und Ehre! De Totn san hint g'leng wia Schuasterloabe. Mit'm Flammenwerfer hab i mi durchbrennt. Und heut — des no dazua!«
Wusch blickt drein, als habe er Orest gesehen. »Ja, was

denn?« bemühe ich mich erneut herauszufinden. Er winkt ab: »Nicht zum Sagen. An Todesfall. Ja und dann san mir verlegt wordn an den Westwall. Und auf oamoi hab i g'merkt, daß i a Gefangener bin. Da hab i mi an d' Arbeit gmacht! Des war ned leicht: Ois vermint, müssen S' bedenken!«

Er aber, berichtet Wusch weiter, habe die geheime Code gehabt. »F – c – l – m«! Deshalb habe man ihn verfolgt auf Schritt und Tritt. »Und im Bunker 212, zwanzig Meter dicke Wänd, Stahlwänd!, macht's Schnurpsdi und i war allein mit eam! San de automatischn Falltürn zuagangen g'wen.« / »Mit wem waren Sie allein?« / »Mit mir und mit eam!« / »Wer war er?«

Doch was Wusch nicht sagen möchte, entlockt ihm keiner. Dafür nimmt er das Ende vorweg: »Der hat an zweitn Schädl ghabt: verschlüsselt: der Kopf war kloaner: ois elektrisch!« / »Und wie sind Sie aus dem Stahlbunker freigekommen?« »Glück im Unglück!«, pariert Wusch, »Gegencode eingsetzt, Frequenz umgestellt, dem mit dem zwoatn Schädl sein Schußapparatgwehr abgnommen, Zündungsdräht kurzgeschlossen, WUSCH!« Auf der Flucht durch die Normandie seien die Amerikaner dahergekommen, aber gleich den ersten Jeep mit Negern habe er »ausglaart, und i bin...« — »heimgefahren«, ergänze ich. Aber da schlägt Wusch einen erzählerischen Haken, der ein für allemal vor verfrühten oder gar logischen Schlußfolgerungen warnen soll: »Heim? — Na! Direkt ins Oberkommando. Und beschwert darüber, daß ma mir an Doppelgänger naufghetzt hat. Dann mit der zogenen Pistoln auf'n Marschall sein Adjudantn losgangen und gsagt: ›Auf geht's, Wunderwaffn herzoang' oder der Kriag is aus!‹« Der Adjudant sei nur so gespritzt, dem Befehl

Folge zu leisten, — »der unterirdische Schacht Basis 11/6 war scho freiglegt, vollautomatisch, is eh klar« — als er, Wusch, es sich anders überlegt und gerufen habe: »Nein, halt, lassen S' die Wunderwaffn! Dean S' mir dafür lieber an Führer her, i mecht wissn, ob's den überhaupts no gibt!« Dieser Aufforderung habe der Diensthabende nicht entsprechen können, weshalb ein Gnadenschuß fällig und der Beweis auf der Hand gelegen sei, »daß'n scho« — den Führer nämlich — »liquidadatscht habn!«
Mehr und mehr steigert sich Wusch in einen verbalen Blutrausch. Die Fronten des Geschehens wechseln blitzartig. Soeben noch in einem »wurlatn Frauenlager«, wo er sich der Liebestollen mittels Handgranaten habe entledigen müssen, kurvt er bereits nach zwei Atemzügen inmitten »sibirischer Scharfschützn und Flintnweiber«: »i hab nimmer gwußt, wo i hinschießn soll. Dann hab i s' mit'm Spatn in' Sumpf einetriebn!« und entwirft nach einer Episode aus der Jugendzeit — »Dreimoi hätt' i heiratn kenna, aber jedsmoi is ma 's Lachen auskemma!« — ein perfektes Schreckensreich »in de jugoslawischen Berg: Da hast unterirdisch mit der Diesellok bis nach Triest auffifahrn kenna. Metzgerei drin, ois. Nackerde Weiber, Munitionslager, Radar, Kapelln, Konservn, ois — und elektrisch, daß der Sauerstoff ned gar werd. Und da schaug i um a Eck und siehch, wia a General, der grad amoi schnell oane — bitschibummsfallera, is die Liebe wieder da! — mit der Pistoln verabschiedn wollt! Hab i 'n mit'm Spatn..., daß der Kopf wiara Elfmeterboi... und sie aa no dawischt, was man bei so am Schlag natürlich ned hat verhindern kenna!«
Und durch den Stollen 2003 sei er dann ausgestiegen ans Tageslicht, aber: Bummsti, Wusch! Mittendrin im End-

kampf. Das »Mörderbataillon« habe die Leichen mittels Planierraupen »begradigt«, weil hinten schon die Amerikaner im Anmarsch gewesen seien. Der Boden mit den »No-ned-ganz-Toten« darinnen habe sich bewegt wie ein See. Da sei ihm die große Wut gekommen, und er habe sie, die Massenmörder, »erbarmungslos zammtriebn, in a Stahlnetz nei und in an Fluß versenkt, der oben staad, unten aber reißerd war.« Einen Torpedo habe er für Gott und Vaterland auch noch nachgeschickt, und der Herr Oberst — ihn parodierte Wusch wiederholt und jedesmal bühnenreif —, der gesagt habe »Wat is los hia, wat ham Se jesacht?«, sei die längste Zeit ein Lebender gewesen: »An a V 2 hibundn und zu de Sterndl gschickt. Jetzt hat er endlich sein kometnhaftn Aufstieg ghabt, der Karrieremetzger!« Mit dem Handrücken wischt sich Wusch ein giftiges Lächeln vom Munde. Es sickert wieder Schmerz in seine Augen. Nach einigen Seufzern preßt er hervor: »Jetzt glaubn S' ma, daß mei Lebn koa lustige Eicht war. Und dann trifft mi aa no des! Und ma muaß aa no a Wasser saufn, wia's Viech!«
Die Wirtin hört Wuschs Vorwurf nicht. Sie ist hinterm Schanktisch eingenickt, das Strickzeug auf dem Schoß. Während einer seiner Tanzeinlagen »in Landlerstimmung« war Wusch gegen ihr Tablett gerumpelt, was die Bruchlandung mehrerer Gläser und Bier-Boykott zur Folge hatte. Seither hält er sich — unter Grimassen der Abscheu — am Wasserhahn schadlos. »Da hast an Todesfall, an Todesfall, verstehst, und moanst, des überlebst jetzt nimmer, weil mir habns' mei Angorakatz zammgfahrn, mei Angorakatz, verstehst, und dann möchst da an Trost otrinka und kriagst koa Bier nimmer!« Brüllt's, springt auf, schlüpft in seinen regengrauen Gummiman-

tel, wirft der Schlummernden einen Geldschein hin — »is mehr als gnua!« — und strebt hinaus, flüchtig grüßend, sein Moped zu besteigen.

Wurm und Weibern und kein Ende

Während Sturm unter den Firstpfetten und Hirnbrettern des alten Hauses rackelt, Blitze den Sauwald anflammen, Donner »dart« und Wolkenbrüche niederwuschen, entschwinden Roß und Reiter hinterbergs, hinter den sieben mal sieben Hügeln, die sich bei Wallern auftun, Dornedt verbergend und Ratzling, Gansing, Dirnham, Reizham, Knechtlingsdorf, Irringsdorf, Muckenwinkl, Flohleitn, Mettmach, dessen Familien, wenn sie Lust haben, vor tausend und mehr Zuschauern manches großstädtische Ensemble unter den Tisch spielen, mit Theaterstücken von Shakespeare bis Hermann Bahr — seinen »Franzl«, grandios inszeniert zum 100. Todestag des Piesenhamers, schwiegen die Medien Bayerns tot —, Neidling, Schimerljuden, Gilgenberg mit den Höfen des Meier Helmbrecht, Wildenau, dessen Musikanten singen und Trompeten blasen können, so strahlend, so jubelnd, »daß d' Sunn no amoi aufgeht« überm Hausruck und dem Kobernaußer Wald, in dem es jetzt wieder Wildschweine gibt — »aus Bayern, über d' Salzach und übern Inn san s' kemma, hoaßt's« —, Schreimoos, Forchtenau, Mining, Ursprung, Wurm und Weibern.
Dort im Innkreis, im Land der Sonnentore, erzähle ich gelegentlich vom Sauwald, von den Panzerpratzenkrebsen im Almosenbach, vom Drachenei des Magiers... So auch einmal beim Wirt in Hueb. Wir saßen draußen im nächtlichen Märchenlicht. Frösche musizierten im

Schloßteich. »Ob ma des ois glaubn ko?!« zweifelte einer in der Runde. »Du, moan i«, — er meinte mich — »bist aa so oana, auf den ma singa kannt: Znaxt bin i / übern Inn umma gschwumma, / d' Fisch san / von de Baam obagsprunga, / d' Spanfarkl / hamd Nester baut, / da ham / d' Leit gschaugt!
»Ja, wenn si 's nur daatn!«, rief da ein Zechbruder, »wenn si 's nur daatn!«

Spurensicherung

Seite 7: »Die andere Seite«, ein phantastischer Roman, den der Magier Alfred Kubin (1877-1958) 1908 schrieb und illustrierte. Neu aufgelegt in der Nymphenburger Verlagshandlung, München 1968.

Zitiert nach Hans Schellnhubers Schrift: »Die Reformation in der Reichsgrafschaft Ortenburg«, Ortenburg, Dezember 1967.

Josef Schönecker, Hauptschuldirektor i. R., Herausgeber der »Innviertler Heimathefte« in Taufkirchen an der Pram, machte mich als erster darauf aufmerksam, daß es noch eine andere Ableitung des Namens gäbe: Sauwald — als Kürzel von ehemals »Passau(er) Wald«.

Seite 12: Seit ich 1969 Ludwig Marcuses »Nachruf auf Ludwig Marcuse« (List, München 1969) las, trage ich den zitierten Satz mit mir herum. Jetzt erst, im März 1976, da ich der »Sauwaldprosa« einige Anmerkungen beifüge, entdecke ich, daß ich den damals angestrichenen Satz abwandelte. Im Original steht zu lesen: »Was im Anblick des Grabes zählt, ist nur noch, was ihn glücklich machte.«

Seite 12: »Der Moment ist alles.« Goethes Brief an Herder, 27. Oktober 1787, Zweiter Römischer Aufenthalt.

Teilzitat aus Ludwig Marcuses »Argumente und Rezepte«, Diogenes 1973, Seite 59. Auch die folgenden Sätze sind erkennbar von dem Manne geprägt, der die letzten Jahre mein Denken und Handeln mitbestimmte.

Seite 13: Der Anfang eines Satzes aus Marcel Prousts »Auf der Suche nach der verlorenen Zeit« (Seite 3976), der ich mich 1972 anschloß. Dabei benützte ich die Suhrkamp-Ausgabe von 1967, Deutsch: Eva Rechel-Mertens.

Seite 14: »Es blickt dich / der Wald mit den Augen / des Marders an.« Das sind die Schlußzeilen des Gedichtes »An der Lachswasserbucht« von Peter Huchel (»Gezählte Tage«, Suhrkamp 1972).

Seite 15: Wer trotz aller im Text eingelösten »Wirklichkeits«-Belege immer noch annehmen möchte, es handle sich hier um eine erfundene Person, der reise sommers nach Oberösterreich, 4090 Engelhartszell, Mühlbach 3 (Einheimische nennen ihn »Almosenbach«) und beobachte Karl Luger während seiner Arbeit, die vor allem dann meiner Reportage entsprechen dürfte, wenn das Publikum lebendig genug ist, ihn zu inspirieren.

Seite 23: »Schusterödhof«, Dezember 1970, Herausgeber: Kuratorium Niederbayerisches Bauernhofmuseum in Massing.

Seite 25: Die Grabrede nach einem Bericht des Zeichners Toni Waim, lebend in 83 Landshut/Engelbergweg 61, eines Verwandten von Rudolf Englberger (geb. am 8. 3. 1908). Abitur (1927) in Rosenheim. Kunsterziehung in München und Rostock, Universitätsstudium mit Staatsexamen und Promotion 1932. Arbeitete — Zahnarzt und Maler — von 1962 bis 1974 in Roßbach/Niederbayern, Landkreis Eggenfelden. Gemälde und Zeichnungen des Künstlers, der sich 1974 in Wasserburg am Inn niederließ, waren zuletzt in der Städtischen Galerie zu Rosenheim, im Wasserburger Rathaus und im Haus der Kunst, München, zu sehen.

Seite 26: *»Nervengrün«*. Ein Schlüsselwort, mit dem der einstiegs erwähnte Reisebegleiter und Revisor des Wuschianer-Ordens spontan auf ein Gemälde Rudolf Englbergers reagierte: schöpferische Antwort auf die Herausforderung des weiblichen

Prinzipes, wie es in jenem Bilde Gestalt annahm. Die Komposition ist heute im Besitz eines zwangseingemeindeten Rosenheimer Bürgers, wird aber Wuschianern sowie hartnäckig und richtig kombinierenden Lesern der »Sauwaldprosa« nach selbst zu ergreifenden Maßnahmen gern gezeigt.

Seite 27: »Als ich noch jung war...«: Beginn des Gedichtes »Fern Hill« von Dylan Thomas. In der Nachdichtung von Erich Fried.

Seite 29: Ein Haiku, zitiert auf Seite 64 von Archibald MacLeishs »Elemente der Lyrik«, Sachse u. Pohl, Göttingen 1960.

Seite 35: Alfred Kubin: »Aus meinem Leben«, Seite 102 (Edition Spangenberg, Ellermann, München 1974).

Ebenda.

Seite 36: Stelle des Zitats entfallen.

Seite 38: Alfred Kubin: »Die wilde Rast«, Briefe an Reinhold und Hanne Koeppel, Seite 29 (Nymphenburger Verlagshandlung, München 1972).

Seite 38: »Die wilde Rast«, Seite 23.

Seite 43: Schreibung der Stelzhamersätze nach der Ausgabe von H. Commenda, Oberösterreichischer Landesverlag, Linz 1955.

Seite 48: Bei meinem letzten Besuch (20. 3. 76) fand ich das Schild entfernt.

Nachstell-Vorwort

oder

Mißglückte Sauwald-Postludiumsfuge,
Rede an mich selbst
im Kreise meiner Brüder, der Bäume,
erzwungenermaßen auch ein Konsumwichtl-Drama
dessen Folgen zwar abzusehen, jedoch
nicht mitanzuschauen sind.

Weiters einige Fußnoten über Wilddieberei,
Geräusch, Ofensäue, Hoizwuide,
große Themen, Passauer Kunst und
einen in Aussicht gestellten III. »Versuch
über Schweine«.

»Beim Pürzel! — Huß Sau! — Mordax hui Sau! — Hierher, Saustecher! — Hinterm Sturzel! — In der Haselgasse! — Im Knieholz! — Im Femelschlag! — Durch den Plenterwald! — Ab und davon! — Aus is', aus! — Sauerei!«

Sau im Glück, ließe sich nachstellen. Warum sollte eine Sau nicht auch einmal Schwein[1] haben? Ja, wenn es mir erlaubt ist, dem Schweine nach weit auszuholen (man drehe das Aus nur einmal um: und die Jagd kann auf's neue beginnen!), wenn es mir, dem Sänger des Sauwalds, gestattet ist, zur Feier dieser zweiten Auflage noch freier auszusingen, was frei macht, so kann ich nicht umhin, zuerst einmal meinem Gefährten, dem Leser, der mir

[1] *Schwein haben.* Mit einer Suiden-Suite sollte, ersten Notierungen zufolge, der zweite Sauwald-Canto anheben. »Der Frage nachstellen, weshalb das Schwein Glückstier, nicht allein bei den keltischen Stämmen, Opfertier (Eber) bei den Germanen...« les ich in meinen — glücklicherweise erst jetzt — ausgegrabenen Notizblättern. Ferner steht unter dem Stichwort Sau: Allesessergebiß / berührungsfreudig / soziale Körperpflege / Saugordnung / gute Schwimmer / bewegen sich, wenn nicht im Galopp (selten) und Trab, im Kreuzgang / Christen erscheint der Teufel oft in Gestalt eines Schweines / überdurchschnittlich intelligente Augen — deshalb? / Der Sauwald als Ursprungsland der Baiern, wie man die männlichen Hausschweine nennt / Kaum ein Haustier (aha!) verwildert so schnell, wie das Schwein... Genug des Ungesonderten, hergesetzt, um darzutun, daß ich höchstwahrschweinlich gut beraten war, solch einen sau-mäßigen Anfang nicht zu wagen.

durchs Dickicht[2] folgte, herzlich offen ins Gesicht zu lachen; frech aber dem, der da glaubt, er könne hier, an einer vermeintlichen Lichtung, bequem auf den Ansitz schleichen, den Glocken und Schätze auswühlenden Widerborsten ohne Dunkel-, Um-, Irr- und Keuchwege aufzulauern.

Weit gefehlt! Vermoosen wird er auf seinem Hochsitz, sofern er nicht nach vergeblichem Hinaus- und In-sich-Horchen der Botschaft seiner Blase folgt. Oder dem Knurren seines Magens. Oder dem Halloh jener, die dem Sauwald von außen her beizukommen trachten, ihn auf ihre Art zu fassen, nämlich ein —.

Gelächter all den Kammerjägern, Treibern, Panzerhunden, Spießern, Herrenreitern und Saufederhaltern! — Saufedern? — So nannte man verharmlosend die Stichstangen, mit denen man aufgebrachte Eber fällte. Aber »Der Mensch ist«, siehe Nestroys »Die schlimmen Buben«, 10. Szene, »endlich auch ein Federvieh, denn gar mancher zeigt, wie er a Feder ind' Hand nimmt, daß er a Vieh ist.« Ein Saufedervieh, wie ich nachstelle — und

[2] *Dickicht*. Verständlich, wenn ich gleich nach dem Eisenbirner Gespräch (S. 8) das »Schicksalhafte« auch meines Namens zu erwägen begann. — »Sie sind aber gar nicht dick!« »Gut beobachtet!« floskelte ich dann oft zurück, »aber mancher hat mich, wie ich heiße!« Nun schickt mir ein Amberger Wuschianer folgende Namenskunde ins Haus: Dick, Dicke: selten ist der »Dicke, Wohlbeleibte« gemeint (z. B. Herr Berthold der Dicke 1291 Freiburg), häufiger der obd. Flurname: mhd. dicke »Dickicht«, so H. von der Dicke 1351 Offbg.; vgl. den Wald, »den man heißet der Dicke« 1283 b. Rastatt. Dazu auch... Dann wäre also die Saudickichtprosa mein ureigenstes Thema?

angelegentlich zeigen werde; säu es nun die Wilddieberei[3] des ORF oder säu es eine der üblichen Wildrufverdrehungen[4] im Blätterwald.

[3] *Wilddieberei.* Nicht erst seit der Hebefeier (am 4. September 1976 in der Jausenstation Luser, Kopfing) konnte man im Innviertel wissen: es gibt eine »Sauwaldprosa«. Schon vorher ward ihr Ruf verkündet (Rezitationen, Zeitungsberichte). Brechvoll die Wirtsstube, als der Revisor der Wuschianer die ersten frischgedruckten Bücher vom Stapel laufen ließ. »Sogar Fernsehleit saan do!« bedeutete mir ein Gast. »Was hoaßt sogar?« fragte ich unbekümmert und ordnete mein Manuskript, die »Erste Sauwaldiana« zu rezitieren. — Am 17. Oktober, während der Richard-Billinger-Feier unter der Linde zu Anthiesen, wunderte ich mich über die ausweichenden Blicke eines Mannes, der — in Sachen Sauwildfilm — mit einem Kamerateam des ORF unterwegs war. Am 4. Februar 1977 strahlte das Österreichische Fernsehen jenen Streifen aus: »... gelungen allerdings nur der Einstieg mit der Frage: ›Wo ist eigentlich der Sauwald‹ — Vielleicht deshalb so gut gelungen, da er ziemlich ident mit der ersten ›Lesefährte‹ Ihres Sauwaldes...« (Ein Lehrer aus Kopfing in seinem Brief vom 3. April 1977) — Anfrage des Verlegers beim ORF — Antwort von Mag. Dr. Heinrich Mayer, »Recht und Auslandsbeziehungen«: »Wiewohl die ›Sauwaldprosa‹ Dicks eine vorzügliche und treffende Schilderung des Sauwalds enthält, kann Herr Dick doch nicht in Anspruch nehmen, der einzige Kenner dieses Gebiets zu sein.« — Danke für die Blumen! Und Pfui für die Unterstellung! Denn nirgends nehm' ich »einzige Kenner«-schaft in Anspruch. Vielmehr schrieb und schreibe ich das Fahrtenbuch als einer, der den Sauwald gerade erst staunend entdeckt. Doch weiter Mayer: »Auch dem Autor des Drehbuches zu unserer obigen Sendung, der

Nein, wir[5] wollen uns das Fest nicht verderben beim Anblick gegorener Visagen, deren einzige Musik das Geräusch[6], deren Wald bestenfalls Holz und deren immergleiche Frage ist: »O Eicheln, Eicheln, — wozu die Eiche, wenn es Eicheln gibt!«[7]
Vielmehr können wir uns freuen, daß der Sauwald so über Erwarten weit herumkam[8]. Auf denn, vergessen wir — für ein paar Takte! — die Gesellschaft, an der wir leiden! Die

im Sauwald aufgewachsene und dort lebende Fritz Zauner, sind alle Sauwaldgeschichten bekannt...« — Das ist bereits die nächste schmockhaft-anmaßende Unterstellung: Mir nämlich sind bis heute nicht »alle Sauwaldgeschichten« bekannt. Daher ich das »Auch« zurückweise! Mit den Fragen: Warum bringt Zauner, das Sauwaldkind, seinen Dreh-Text erst *nach* Erscheinen der »Sauwaldprosa«? Und warum verzichtet er nicht auf die Übernahme eines kompositorischen Auftakts, mit dem ein Ortsfremder ihm zuvorgekommen ist? So wenig journalistischer Ehrgeiz? Oder zu wenig Phantasie und moralische Kraft für einen anderen Anfang? — — —
Wer sich dem Nichtigen entgegenwirft, wird selber nichtig. Weshalb ich diese kleine Dokumentation nicht im Haupttext, sondern in einer Fußnote abtue. Eine Kopfnote wäre bereits zu viel der Ehre.

[4] *Wildrufverdrehungen.* Siehe Fußnote [46]!

[5] *Wir.* Erinnert sei an Seite 12, Zeile 26. Einbezogen sind freilich auch Lesegefährten, die sich nicht abschütteln ließen.

[6] *Geräusch.* Eingeweide geschlachteter Tiere.

[7] *O Eicheln...* Osip Mandelstam, »Die ägyptische Briefmarke«, Seite 152, Bibliothek Suhrkamp.

[8] *herumkam.* Sichtmeldungen erreichten den Verfasser aus den Gebieten nördlich des Mains, östlich der Enns, südlich des Alpenhauptkammes; sogar aus Kroatien, Istanbul und den USA.

»Sauwaldtoccata«[9] erklinge, der »Innviertler Kleegeigenlandler«[10], die Internationale der »Wuschianer«[11], der Pfropfensalut unserer besten Weinkartätschen!
Ha, wäre der Hundsmeutenbellcanto auf solche Weisen nicht längst überstimmt, wäre das allgemeine Gejodel über die Größe der Zeit nicht schon von unserem Bannwald zurückgeworfen worden, ich ließe jetzt auch noch Sternenkanonen feuern und tonnenschwere Ofensäue[12] losbrechen. Doch solcher Lärm- und Abwehrzauber ist nimmer vonnöten. »Aber du, Geigerlmann, / Sitz di auf d' Bänk, / Höb ins an Landler an: / Tanz ma a weng!«[13] — Links um / aussi geh / eihakln / Halbschritt / rechtsum dreimal / oamal drahn![14] Ja, vom Tanz gehen heilende

[9] *Sauwaldtoccata.* Klavierstück Klaus Obermayers, eines gebürtigen Passauers. Das Werk, auf Schallplatte eingespielt von Johannes Fischer (zu bestellen beim Komponisten, 8 München 21, Thurneyssenstraße 21), wurde im Dezember 1977 mit dem »Anerkennungspreis der Wuschianer« ausgezeichnet. Näheres hierzu in Kai Niemeyers Artikel »Der Sauwald wandert gen München«, AZ, 1. Dezember 1977.

[10] *Innviertler Kleegeigenlandler.* Siehe K, »2 mal 13 Taschenbuchstaben zur Weltformel«.

[11] *Internationale der Wuschianer.* Wer Ohren hat, der höre! Ansonsten gilt die 4. Zeile von »Abschied« des 1971 aufgelegten Buches »Tag und Tod«. Ab Oktober 1981 in »Das Echo des Fundamentschritts«, Heyne Lyrik, Band 32.

[12] *Sternenkanonen und Ofensäue.* Erstmals erlebt am 7. November 1977 in der Maxhütte zu Sulzbach-Rosenberg.

[13] *Aber du, Geigerlmann.* Notiert bei Anton Pointecker, dem Landlergeiger der »Sollinger«, Wildenau 55.

[14] *links um /aussi geh.* Tanzschritt der Imolkamer Zech', die, nach Auskunft einiger betagter Mitglieder, bis 1959/60 bestand.

Kräfte aus. Und nun reißt es auch den Haderer Franz[15], unser Waldfest mit Windbaß und Vogelflöten, daß er aufspringt und dreinsingt ins Rundumjuchhee: »Neili bin i / übern Bach obadamischt / D' Holzschuah — saan ins Feia einegschprunga / D'Spanfarkl hamd Nester baut: / Fürchtet Euch nicht!«
»Geh, Franzl, verzäih uns, wiasD' anno 45 im Sautrog übern Inn z'ruckkemma bist!« bittet einer aus dem Gelächter. »Na«, wehrt der Haderer ab, »erstens hob i des scho hundertfünfafuchzg Moi und efter verzäiht, zwoatns — hot si des gestern erst der Dick aufgschriebm und drittens...« Weiter kommt er nicht. Spräche er dennoch fort, — der Autor hörte ihm schwerlich zu. Denn das »Ojazzl«[16] hat zu denken gegeben mit dem Einsprung: »Ja freili, Franzl, *wasD'* verzäihst, des wissma eh, — aber *wiasDas* bringst, des macht's aus!«
Verdammte Schriftstellerei! Eberkopfstandarten hin, gesottene Saurüssel her: die Flucht gelingt nicht. Sogar das magische Sauwortfeld, wie kräftig es auch bildert, versagt gegen Geister, die ich selbst gerufen. Da inszenier ich das

[15] *Haderer Franz.* Sänger und Volksmusiker aus Kimleinsdorf 3, Gemeinde Kopfing, der von nun an nicht mehr mit seinem Schicksal zu hadern braucht (»Heit megns unserne Musi nimmer, heit woins Negermusi!«), so überwältigend war der Beifall, den er — »nach Zwanzg-Johr-nimmer-Zammsinga!« — während der Hebefeier[3] fand. Seine Partnerin war die (bald 80jährige) Kathi Grafendorfer aus Tobel, Gemeinde Kopfing.
[16] *Ojazzl.* n. Innviertlerisch für »kleines Ferkel«. Das Ojazzl ist weder ein kleines, noch ein großes; ausgenommen, es erzählt »botanische Witz«. Den Namen indes erhielt es wegen seiner rosigen Gesichtsfarbe und listigen Schweinsäuglein.

rauschendste Sauwaldfest zwischen Fliegenbaum [17] und Jungfraunstein[18], postier zuvor noch eine Hartschiergarde in meinem Gehege, des Befehls, keinen Unberufenen hereinzulassen, — umsonst. Ausgerechnet der Liebste unter den Harmlosen, der Bravste aller »Hoizwuidn«[19], das Ojazzl, wirft mich hinaus aus meiner Sauwaldfuge! Ach, was gedachte ich nicht alles unterzubringen an Verwirrspielen, Fallgruben, Astkrachern, Aufsitzern, Tobelseufzern, Seelenpfeifern, Angstmännern, Knieschnacklern, Höhlengrunzern und Irrlichtern!
Aus, vorbei! Die Heischegänger mögen grinsen oder zahnen, die höhnischen Dafürhalter[20] triumphieren: aus ist's, aus. »WiasDas bringst!« — Ojazzl, damit hast Du mir den Fang gegeben! Sämtliche Saustanzen und Schweinesentenzen, die ich überm Freudenfeuer verbraten und — wohl bekommms! — unbesehen des Umstands[21] reichlich gepfeffert auszuteilen hoffte, all die Analogien zwi-

[17] *Fliegenbaum.* Siehe »Tag und Tod«, Abschied, 4. Zeile, oder aber Josef Ruhlands »Heimatbuch der Gemeinde Kopfing«.
[18] *Jungfraunstein.* Wie ([17]).
[19] *Hoizwuide* nennt man, z. B. in Samaskirchn (= St. Marienkirchen), die Kopfinger. Vermutlich rührt der Name noch aus jenen Zeiten, in denen die berüchtigt-rauflustige Kopfinger Zech' Innviertler Tanzveranstaltungen kraft ihrer »O'raafer« (analog zum O'sänger) belebte, wenn nicht durcheinanderwirbelte. Unter Zurücklassung zertrümmerter Möbel, Verletzter und — auch das gab es (freilich nicht nur bei den Aktionen der Kopfinger) — Toter.
[20] *höhnische Dafürhalter.* Z. B., daß der Autor nun unabkömmlich auf den Holzweg geraten sei, ... im eigenen Gehege die Orientierung verloren habe... u. a. m.
[21] *Umstand* hieß früher die umherstehende Menge.

schen Paar- und Fünfzehern, die ich weniger ersonnen als — der Himmel sei mein Zeuge! — beobachtet, auch mythologische und hochliterarische Sauereien, die ich mir eigens vorgemerkt habe, all das gäbe schon etwas, fällt aber nun unter die strengen Forderungen des Wie. Ob nun Max Regers »Künstler und Schweine liebt man erst nach ihrem Tode«[22], Ludwig Marcuses »Die größte Eiche ist einmal eine Eichel gewesen, die jedes Schwein verschlukken konnte«[23], oder Arno Schmidts »Der Schöpfer-Eber oben in den Wolken grunzte und feuerte, forzte und wässerte«[24], — ich fege sie beiseite, die Notizen. Auch Jean Pauls »Es scheint, daß Schriftsteller nicht lebendig, sondern abgeformt zu ihrer Nachwelt kommen sollen, wie man die zarten Forellen nur gesotten verschickt; man steckt uns nicht eher den Lorbeerreis, als bis man uns gepürscht aufträgt«[25], auch die Innviertler Scherzfrage »Elfe gengan durchs Wasser, zehne werdn ned naß, was ist das?« und die Antwort: »A trächtige Sau«, auch die Formel »Des Schweines Ende ist der Wurst Anfang«, auch die Umweltfabel »Das Schwein sprach: seit ich Junge habe, finde ich nirgends mehr reines Wasser!« — hinab, hinab vom Tische!

So unbefangen ich noch vor des Ojazzls Wie gewesen sein mag, so arglos-zuversichtlich, wie ich mich auf die Sauwald-Postludiumsfuge freute, so sicher ich über mein selbstgegebenes Thema zu improvisieren wähnte (den germanischen Jul-Eber hätte ich gegenläufig zum armenischen Tiridates gehetzt: weiß Gott, wie viele Verwandt-

[22-25] *Max Reger,* Ludwig Marcuse, Arno Schmidt, Jean Paul... Aus welchen Schriften die Zitate stammen? Schaugn S' doch selber!

schaften zwischen seinem Ebenbilde und dem Eberwilde ich aus dem Busch geklopft hätte!), so benommen hock ich jetzt unter dem übermächtigen Wie — und mit dem Wie unter meinem Gehirn, das, lustvoll versucht, sich selbst zu verstehen, mich beobachtet, wie ich, den Sauwald vor Augen, an meiner Erika kauere, hoffend, daß mich mein übergeordneter Beobachter, mein Gehirn, aus den Augen läßt, die meine sind, und doch nicht meine, weil ich — o wie lähmend wirkt das! — nichts anderes zu sehen vermag als mich, das gequälte Subjekt, Objekt seines eigenen, nein, seines enteigneten Gehirns. Nicht auszuhalten: ein Kerl, der, mit einer Saujagd beginnend, zuletzt nur noch an sein bißchen Hirn denkt! Einfach abbrechen, Schluß und aus? Das wäre zu einfach. Ohne den Reisenden ist eine Reise so wenig Literatur, wie eine Jagd ohne Jäger. Insofern scheint es nur konsequent, wenn der Autor, wie jeder Mensch (laut Otto Koenig[26]) »aufgrund seiner Verhaltensausstattung ein optisch orientierter taglebender Jäger und Sammler«, in seinem Sauwald-Reisebuche vorführt, wie oft er — sogar im eigenen Gehege – vom Jäger zum Gejagten, vom Foppenden zum Gefoppten, vom Zauberer zum Entzauberten, vom Hymniker zum Hm-niker wird. Denn das Jagdergebnis — eine Sau mehr oder weniger — interessiert nicht so sehr als die Jagdgeschichte, der Sauschweif weniger als die vielen Umschweife, das verlorene Jagdgerät, die zerschlissenen Kleider, die Schrammen und Brüche, die Todesgefahren, das erste Aug in Aug mit dem kolossalen Gegner von nie geschauter Größe und Kraft. Wie er dastand, der das

[26] *Otto Koenig:* »Kultur und Verhaltensforschung«, Erg. Nachbemerkung zum Thema »Auge«, Seite 244 der dtv-Ausg.

Glück verkörpert, die Hauer wetzend, die Nackenmähne gesträubt! Wie die Rüsseltrompete zum Angriff blies, wie der Waldboden bebte unterm Herandonnern des schwarzen Giganten, wie, wie, wie —, nicht was! Da genügte ein Datum mit dem Vermerk: Sus scrofa, 310 kg, erl. bei Gattern. Und eberhaupt, wenn man nicht nur ein paar Rüßler, sondern einen ganzen Wald im Visier hat!
Zumal im Anhang eines solchen Dicht-Werks macht es sich gut, wenn der Pankreator herabsteigt aus seiner vollkommenen Höhe, das Eichenblatt, das seine Schuld und Unschuld verdeckt, fortnimmt und sagt: »Sehet, auch ich bin verwundbar wie ihr — und kann nichts ausrichten ohne euch!«
Freilich, solcher Common sense darf nicht zu weit führen. Etwa zu einem Fraternisieren mit der Leserschaft[27]. Oder zum Buckeln vor den herrschenden Begriffen[28], großen

[27] *Leserschaft.* Eine Verallgemeinerung, die ich nur verwende, um fußnotieren zu können, daß ich das Wort Zielgruppe nicht mehr hören mag. Mit Winokurow bin ich der Auffassung, daß sich der Dichter am »idealen Leser« zu orientieren hat, den er in seiner Phantasie erzeugt: »Beginnt der Dichter sich einer einzigen Leserkategorie« — vorausgesetzt es gäbe sie! — »anzupassen, so bleibt die wahre Kunst auf der Strecke.« Bravo. Zuerst einmal schreib ich für mich und für Menschen, die das Gleiche oder doch zumindest Ähnliches suchen wie ich. Dabei gehe ich von der Annahme aus, so anders wie andere nicht zu sein, wohl aber ganz anders als jene, von denen der Bayer sagt, es seien »de ganz andern«.

[28] *herrschende Begriffe.* An dieser Stelle genügt der Hinweis auf Gottfried Benns Beobachtung vom hündischen Kriechen solcher Intelligenz vor derartigen Begriffen. Kontext: No ned schaugert wordn?

Themen[29] u. ä.. Auch geht's nicht an, daß der Logothet im Zeitalter zunehmender Konzentrationsschwäche[30] und schwindender Worte lauter kurze Sätze kopert, Syntaxgemorse, Grammatikürzel, nur, weil er sich's mit gewissen Studentenkreisen und anderen halbkennerischen Höflingen des regierenden Durchschnitts nicht verderben will, die bereits »elitär« heißen (ich könnte auch schreiben: schimpfen), wer mehr als keinen Satz in richtigem Deutsch schreibt. Zu verfassen sich anmaßt. Zu artikulieren sich erdreistet.
Abgesehen davon, daß ich noch nie einen Satz geflochten, dessen Länge drei Druckseiten überspannt hätte, bin ich ein erklärter Freund der Kürze. Kurz zum Beispiel fasse ich mich gegenüber Zeitgenossen, die schon Goethe lang-

[29] *große Themen.* Hier halt ich's mit Th. W. Adorno: »Wichtigkeit wird dargestellt von dem Hund, der auf dem Spaziergang an irgend einer Stelle minutenlang angespannt, unnachgiebig, unwillig-ernsthaft schnüffelt, um dann seine Notdurft zu verrichten, mit den Füßen zu scharren und weiterzulaufen, als wäre nichts geschehen... Die großen Themen aber sind nichts anderes als die verzeitlichten Gerüche, die das Tier veranlassen, innezuhalten und sie womöglich nochmals hervorzubringen« (»Minima Moralia«).

[30] *Konzentrationsschwäche.* Erlitten vom Logotheten (wörtlich: der das Wort setzt) nicht nur während meiner Arbeit für die mehr als 500 Kinder, denen ich im Rahmen der »Sprechschule Rosenheim e. V.« Unterricht erteilte (siehe hierzu »Der Spiegel« Nr. 43, 1974), sondern auch von seiten der meisten anderen Zeitgenossen, mit denen ich sprach; sprechen wollte... Denn schon im dritten Satz mußte ich wiederholen, was aus dem ersten sie vergessen hatten. Solche Gespräche — machen mir keinen Spaß. Weshalb ich lieber schreibe.

weilig fand: »Menschen, die sich nichts mehr vorzustellen vermögen, was ihnen nicht gekürzt gezeigt und eingedrillt wird.«[31] Kürzer, geradezu förmlich kurz, ist mein Umgang mit Leuten, welche, ohne jede Anstrengung des Denkens zu leisten, alsgleich, ja möglichst schon vorher in den Besitz von faßlichen Gedanken gelangen möchten. Am kürzesten aber ist der Prozeß, den ich der Mehrheit mache (unter Ausschluß der Öffentlichkeit, denn sie liest mich ohnehin nicht). Die Mehrheit, sag ich, hat nämlich längst, was ihr zukommt. Übergewicht.
Was bedürfte sie da meiner Feder?
Für Vernunft und Wahrheit ist die Mehrheit schwer zu gewinnen, indes sie dem Wahn und der Lüge gern ihre Stimme gibt. Ein Politiker[32], von überwiegender Mehrheit im Amt bestätigt, durfte deshalb jüngst im Radio erklären: »Diese Wahrheit« — es ging um etwas höchst Vernünftiges; und zwar um die Notwendigkeit, das sinnlose Verheizen von Material, Energie und Menschen (Wachstumspolitik) zu beenden — »diese Wahrheit«, erklärte er, »hat keine Chance, ist nicht mehrheitsfähig.« Hm.
Dann wird es wohl noch eine Weile dauern mit der »Intelligenz des Volkes«, von der Horst Mahler[33] erhofft: »Und das wird der Weg sein, wo das Volk bemerkt, es ist möglich, eine andere Lebensweise aufzubauen.«

[31] *Menschen, die…* Wie[22-25].
[32] *Politiker.* Solche Namen kann man vergessen.
[33] *Horst Mahler.* Zitiert aus »Süddeutsche Zeitung«, Nr. 40, Seite 9, 1978: »In einem Wald von Fragezeichen / Der Mitbegründer der ›Roten Armee-Fraktion‹ wendet sich von seiner Vergangenheit ab.«

Ich, ein Millionstel Volk[34], bin nun schon eine Dekade dabei, gegen die blutigen Träume der »Realisten« solch eine »andere Lebensweise« aufzubauen, vorzuleben und zu beschreiben (nicht vorzuschreiben). Mit einem Sauwald vor Augen geht das besser als ohne. Auch besser als hinter Schwedischen Gardinen, dahin nun einige von denen gelangt sind, die mich 1967/68[35] und später noch auslachten, auspfiffen, als ich ihrem Herbert meinen Ludwig entgegenhielt: »Mein A und O ist der lebendige Einzelne.« Und: »Ich glaube nur noch, was ich persönlich erfahren habe.«
Ach, wohin käme ich, wagte ich nur das zu leben, was eine Mehrheit anerkennt?! Pfuiteufel, — in den Sauwald zuletzt. Eher schon in jene Sauställe, die auch im hygienischen 20. keine anderen werden dürften, wie gewisse Tierchen verraten, die man neuerdings dort findet, Ungeziefer, welches das Schmuddelige, Schmierige, Kotige voraussetzt, Wanzen in Regierungszimmern.
Ernst beiseite, — nach diesem Absatz, auf dem ich kehrt mache: Unsere Gesellschaft verkommt, weil der Blick auf Vorteile die Bildung menschenwürdiger Beziehungen stört. Dieses elende, miese Abschätzen: Wozu ist mir der, die, das nütze? — Ja, wir behandeln uns zu abschätzig.

[34] *ein Millionstel Volk,* das auch die fruchtlose Trennung von »Hochliteratur« und »Volksliteratur« leid ist — und eben deshalb, wenngleich ohne Hochrufe des Volks, »Sauwaldprosa« schrieb und schreibt.
[35] *1967/68 und später.* Z. B. 1971 in Åarhus, nach einer Rezitation an der dortigen Uni. Das Fazit hierzu bringe ich in meinem Bio-Drama »Der Öd«, (LP und Textheft) Ehrenwirth 1980.

Peng! »Freundschaft weckt wie ein Pistolenschuß«, schrieb Osip Mandelstam. Mich weckt soeben der freundschaftliche Rat eines Wuschianers, das Predigen zu lassen. Zwar verstehe er, der wie ich schon einmal auf der Granitkanzel des Ameisberges[36] gestanden, wie solches Hinausgehobensein zu Global-Ansprachen über alle Länder (leider aber auch über alle Köpfe) hinweg verführe, doch gelte es, nicht ins Räsonieren zu verfallen.
Auf der Stelle stell ich's ein. Denn weniges nehm ich ernster als die Kritik von Wohlgesinnten. Solch eine Kritik ist ein Glücksfall, rar wie Wohlgesinnte. Außerdem hat schon Konrad Lorenz darauf hingewiesen, daß unsere Zivilisation zwar ohne Holz auskommen könne, jedoch kaum — ohne Bäume. Und das nicht nur, weil eine hundertjährige Eiche Luft für zehn Personen — also für mehr als alle meine gründlichen Leser — produziert, 100 Kilogramm Staub bindet, Lärm schluckt, Wasser speichert...
Wer Kenntnisse und Phantasie statt Zeitung hat, der weiß das ohnehin. Ich halte mich daher an den Rat meines Freundes — obwohl mich die Erfahrung lehrt, daß man bestimmte Wahrheiten nicht oft genug wiederholen kann. Ja, manche Wahrheiten setzen sich sogar nur noch als Übertreibungen durch; etwa so, wie Politiker, Nobel-Schriftsteller etc. erst als bekannt angesehen werden, wenn sie in den Gazetten erscheinen, als Karikaturen — mit großen Köpfen, die sie in Wirklichkeit, wie jedermann nicht weiß, selten haben, noch seltener sind.

[36] *Ameisberg.* Der Granitrücken über Kopfing, das seinen Namen aber nicht von dem Radar-Kopf hat, der weiter östlich ins Land ragt.

Aber ich vergesse die Mahnung meines Freundes nicht. Ebensowenig hab ich vor, gegen Jean Pauls Richtscheit anzulaufen: »Ein guter Appendix[37] erzählt wenig« (dafür garantier ich!) »und scherzt sehr.« Da hapert's bei mir. Scherze führ ich ungern im Mund, seit ich mich — nomina consequentia rerum sunt — in Waizenkirchen[38] an einem Roggenscherz verbissen.

Gewiß erzähl ich wenig, indem ich hier bekenne, was hartnäckigen Sauwaldläufern von vorneherein nicht zu verbergen gewesen, nämlich, daß die gescheiterte Festansprache planmäßig verlaufen ist. Leicht durchschaubar der Trick, sich von einem Ojazzl just dort aus der Fuge schleudern zu lassen, wo sie schwer und für ein Nachstell-Vorwort höchstwahrscheinlich zu lang geworden wäre. Also verhalf sich der Autor zu der Gelegenheit, nach einigen fugierten Auftakten — nur noch lose zu reihen, was sich am Ende ringelt.

Immerhin gewährte er uns dabei einige Blicke unter sein Schreibkapitolinum[39], ein wahres Demutszeugnis. Dergestalt, daß er, von manchem wie von sich selbst des Eigensinns verdächtigt, sich als soziales Wesen offenbarte: denn immer, wenn er in Verlegenheit geraten, wenn er

[37] *Appendix.* m. (lat.) Anhang, Beigabe, -lage; Zubehör; Wurmfortsatz des Blinddarms. Genau besehen vermag ich gar nichts anderes als Appendizes abzufassen, bin ich doch — ein Erdenwurm, der sich satzweise, wiewohl nicht immer blind, fortschreibt, bis ihn der Regenwurmdarm wieder zu Erde auflöst. Nun aber Schluß, damit die vielen reizenden Bemerkungen keine Appendizitis bewirken.

[38] *Waizenkirchen* in Oberösterreich.

[39] *Kapitolinum* nannte man im 17./18. Jahrhundert scherzhaft die Wohnung aller Rätsel.

nicht weiter wußte — holte er einen Mitmenschen zu Hilfe. Eingangs das Ojazzl, um seine Sauspruch-Anthologie herblättern zu können, dann den Wuschianer, um sich rechtzeitig vorm Kanzelreden warnschießen und in den Sauwald zurückholen zu lassen.
Dort liegt er jetzt in grüner Ruhe und — was tut er? Etwas mehrfach Asoziales, wenn's nach ideologischen Kopfjägern ginge: Nicht nur, daß er am hellichten Tage in einem imaginären Walde ruht (Wer kann das schon?! ein Privileg[40], das abgeschafft werden muß: gleiches Recht für alle), nicht nur, daß er die Mitbestimmungsfrage verdächtig gut sein läßt und dringend erforderliche Verbraucher-Impulse für eine im Wohlstand stagnierende Wirtschaft verweigert, nein, unerhört!, jetzt wird er auch noch demonstrativ-privat in einer aufreizend-entspannten

Rede an mich selbst im Kreise meiner Brüder, der Bäume

....

....

....

[40] *Privileg.* Ich gleiche das aber in sozialer Verantwortung aus, indem ich fürderhin — freier Schriftsteller bleibe, also nicht auf den freien Arbeitsmarkt dränge. Stark vereinfacht, könnte ich sagen (und sag's auch): wenig verbrauchend, um wenig Geld erarbeiten zu müssen, ziehe ich die selige Anspannung (etwa über Schönberg, Kolakowski, Britting oder Karl Kraus) der unseligen Einspannung vor — und sichere dadurch den Arbeitsplatz für einen anderen. Wenn nicht sogar für mehrere Mitmenschen, denn ganz gewiß *wäre* ich, ein Bewegungsnaturell, fleißig für viele!

Das war's. Zwar vermochte ich nicht alles an- und auszusprechen in dieser Rede an mich selbst von unbestimmter Dauer — zudem: das Problem der typographischen Darstellung subjektiver Zeit —, doch werden mir gewissenhaft prüfende Geister dafürhalten: Form und Inhalt, Wie und Was, divergieren nicht, sind eins. Denn durch nichts ist nichts kongenialer, deckungsgleicher auszudrücken als durch nichts. Wie, was? Und die Pünktchen, die sollten nichts sein?
So viel wie nichts! Denn etwas — und viel mehr sind Pünktchen zweifellos nicht — ist heutzutage — der Autor bedauert das — so viel wie nichts; heute, da doch bekanntlich das meiste, sogar das Erhabenste[41] nichts mehr gilt.

[41] *Das Erhabenste* — wäre gewiß einer prosaischen Betrachtung wert; mein Nachstell-Vorwort würde dann aber zu gewichtig. — Ferner erspare ich mir (siehe [40]!) die Arbeit dort, wo sie ein anderer vor oder neben mir unübertrefflich leistete. Z. B. Goethe, der sie längst benannte, »die niedrige List: Wir erklären das Bessere für Trug und Wahn; wir vernichten die höheren Ideale und Ziele, um nicht unter ihrer lästigen Forderung zu stehen.« — Dem ist nichts »Neues« hinzuzufügen. Außer vielleicht das — private — Geständnis, daß ich recht froh bin über die zwingend formulierten, stets aktuellen Einsichten von Dichtern, die mir an Begabung und Arbeitskraft weit überlegen waren und sind: so hab ich nur von einem Jahrhundert, von einer Dekade, von manchem jüngsten Buche in meines zu »übersetzen«, was ich dem Vergessen entreißen möchte. Dabei mach ich mich im übrigen genau so unbeliebt, als hätt ich's selbst erdacht und ausgesprochen, das Zitierte, gewinne aber den Vorteil, Zeit zu sparen fürs Lesen. In dieser Woche Boris Agapow, Tschingis Aitmatow, Juwan Schestalow, um nur einmal drei große Namen zu nennen, die mir diesige (Freudscher Verschreiber für hiesige) Feuilleton-Ignoranten vom Dienst... Ach, was. Über solche »Rezensenten« anderswo ein Sätzchen.

Wie ich solches Unterstzuoberst bewirke? Einfach indem ich dasige Schreibmaschinisten parodiere, — all die neueren Ifflands, Kotzebues, Houwalds und Weißenthurns, deren Wortschatz so radikal durchrationalisiert ist, daß sie gar nicht anders können, als mit einem Wort all das mit- oder auchzumeinen, wofür der Mündige besondere Worte hat. Daher denn die mutwilligsten Gleichungen handüberkopfnehmen, etwa: Quantität = Qualität, Liebe = Besamung, Sozialismus + Elektrizität = Zukunft, Literatur = Ware, Freiheit = Recht der Stärkeren, Zeit = Geld...
Ach, die Armen! Wie oft fragen sie mich mit Stanniolaugen: Kann man von Lyrik leben? Und verstehen sie nicht, die prosaische Antwort: Lieber frei als satt!
Doch darf's mich nicht wundern: in den Gazetten findet man alle Wochen ausgedruckt, wie erfolgreich die Medizin unsere Lebenserwartung ins Alter hinaufgeschoben, von früher 35 auf 50, 60 und morgen 80 Jahre. Zeit genug für die meisten, das Leben erst mit 80 zu erwarten.
Darüber wäre kein Sterbenswörtchen zu verlieren; vielleicht ist's sogar leichter, keine Phantasie zu haben?!
Was aber, wenn solche Geburten Leben zerstören, nur, weil sie ihres nicht achten? Kann ich ruhig bleiben, wenn sie gegen meinen Bruder, den Baum, mit Säure vorgehen, nur, weil er ihre selbsterniedrigten Sinne in die Höhe locken, ihr Eis-Ich mit Vogelgezwitscher durchgrünen möchte? Kann ich, darf ich, muß ich ruhig sein, tolerant bis zur Gleichgültigkeit, bis zur Selbstverleugnung, wenn sie unseren Stern mit Beton und Bitumen zur Starrwelt ausgießen, zur Totenkugel, darinnen eine außerirdische Seherin keine Zukunft schaute, sondern nur mehr Trümmer, Wolken wehender Knochenasche und einen verdros-

senen Gevatter, der nichts mehr findet zwischen tot schwappenden Meeren und tot strahlendem Gestein?
Sing mich in den Schlaf, Baum des Lebens, noch blühst du! Mach mich vergessen, für ein paar Stunden, woran ich leide! Morgen will ich wieder zurück, Dein Lied zu singen am großen grauen Strome, an dieser Menschen-Angara, die vom Grunde her friert. Lösch aus mit Deinem Rauschen die klappernden Zwecke, die Motoren, das Kollektiv der Lacher, die serielle Öde, die Untersprache der Berufsdenker – »mit Nachdruck wird betont« / »Arbeitsessen« / »äußerte sich dahingehend« / »unterstrichen ihre Entschlossenheit« / klick, klick, klacker, klacker, klick –, die Echolalie der immer neuesten Schreie!
Also kam's. Ich entschlief. Nur eben nicht im Herren, sondern im Sauwald. Solch ein Wald ist immer noch die beste Passauer Kunst[42], sich firmzumachen für ein Leben übers Weil hinaus. »Man lebt nicht«, schrieb Ernst Bloch[43], »um zu leben. Sondern weil man lebt und hat sich diese Welt nicht ausgesucht. Viele bestehen dauernd aus bloßem Weil, ohne Schritt heraus.« . . . in den Sauwald, wie ich nachstelle. Das wird mir doch wohl verstattet sein in einem Vorwort, in dem bereits ganz andere Autoritäten sagen durften, was ich will. Mit dem gleichen Recht, mit dem mancher herausliest, was er muß. Man denke nur an

[42] *Passauer Kunst.* Im 30jährigen Krieg wollte ein Hufschmied aus Passau »das« Mittel gegen Eisen und Blei gefunden haben. Mehr über Gegengifte in »Theriak, 13 Fügungen«, bei dringendem Bedarf zu erfragen über die Telefonnummer 08071 / 7059.

[43] *Ernst Bloch:* »Die Kunst, Schiller zu sprechen«, Bibliothek Suhrkamp.

die Faseler[44] und Saufederstecher, die meine Galle jedoch verfehlten, als sie *den geographischen* Sauwald weitabrundum ins Mühlviertel, ins Duliöh-Bayrische[45], ja, bis ins Land Tirol[46] versetzten, *den anderen* aber — — — nicht einmal spürten.
Doch bemühen wir uns um Gerechtigkeit: mit welchem Organe sollten sie ihn fassen? Aus meiner Dienstzeit im Blätterwald weiß ich noch zu genau: so mancher Kopf, der uns da leuchtet, ist faules Holz. Wollte man mit solchen Köpfen konversieren, hätte man ihren ganz speziellen Geist anzusprechen, den Holzgeist[47]. Indes Kenner des Frühgermanischen recht genau zu erklären wissen, warum die Sauwaldprosa beim Gros der Rezensenten kein Echo

[44] *Fasel.* Junges Schwein.
[45] *Duliöh-Bayern.* Das vermarktete, gelackte, geschönte, zur Schau gestellte blitzblöd-drapierte Oberbayern.
[46] *ins Tirolische.* Wie ein unterzeichnender Niemand als Rezensent der »Sauwaldprosa« im »Reutlinger General-Anzeiger« vom 25. 9. 1976. — Ein Münchner Gedankenstrichmädchen indes glaubte das Waldgebirge »im Inntal« (»Münchner Merkur« 23. 11. 76) aufbanken zu können. — Die Unfähigkeit von Feuilleton-Skribenten, exakt mitzuteilen, was in einem Buche steht, erklärt der Verfasser aus dem Phänomen, daß Zeitungsmenschen das meiste schon vorher, also auch längst vor der Lektüre eines druckfrischen Buches wissen. Bis zur Rezension — haben sie's dann bereits wieder vergessen. Die lange, lange Zeit und so. Auch noch anderes ließe sich zu ihrer Entlastung anführen, doch das soll dereinst im Kommentar zur »Erzwungenen Prosa« geschehen, einem Sapperlot-Supplementband mit dem Untertitel: »III. Versuch über Schweine«. Den II. schrieb bekanntlich Hans Werner Henze, den I. Gaston Salvatore.
[47] *Holzgeist.* Metanol, CH_3OH.

finden konnte — als ob jegliches Echo nur das sein müßte, was noch die Altnorden deuteten: Zwergensprache.
Zwerge, Konsumwichtl, Antennenwald – assoziiert mein halbwaches Gehirn, — Mainzelmännchen, niedlich, Gartenzwerge, Keramikbambis. Häusler. Die Städte wuchern — und die Menschen schrumpfen. Parzeller Schwachsinn. Der Eigenheimgedanke bis ins Grab. Draaaaaaaaaa, Stutzer hinter Rasenmähern. Das Gänseblümchen könnte ihnen übern Kopf wachsen. Draaaaaaaaaa »Wos saan des füa Gwax?« — »I woaß ned, mia habms ausm Gartnzenta!« — Draaaaaaaaaa — Filterkaffee zum Werbefunk. Plastikstühle unterm Wagenradl. »Daß ma woaß, daß ma aufm Land is!« — Draaaaaaaaaa — »Im Wohnzimma samma total rustikal, des hot ma jetz aso, wissnS'!« — Draaaaaaaaaa — »Aber es geht halt nix üba a poor Stundn in Gottes freier Natur!« — Draaaaaaaaaa — »G'spannt bin i ja, wos' heit omds wieda für an Schmarrn zoang im Fernsehn!« — Draaaaaaaaaa — Damit i ned durchdraaaaaaaaaah — such ich bisweilen den Sauwald.
Meinen Sauwald, denn von dem Waldgebirge gleichen Namens heißt es Abschied nehmen. Auch hier baut »man« großspurig. Auch hier glasklinkert's und eternitet's. Auch hier sind sie gräßlich am Werke, die Krawattlzwerge mit den Monsterträumen, die Kleinhirnbesitzer mit Hubraum, die Gschaftler der Zerstörung. Durch Farbennächte und Blütenträume kracht der Schürfkipper eines zorngelben Payloaders, bricht die protzbrutale Zementfresse einer neuen Raiffeisenkasse. Kinderstimmchen, süß wie Chloroform, singen zur Eröffnung unter Stabführung des Ortsgeistlichen: »Großär Koot, wir lo-ho-bän Dich, Häärr, wir pra-hai-sen Dai-ne Stärke!« — »No ja, der Billinger hot eh nix ghobt, — des Haus wird fuatgschobm,

is eh kloa!« (Hartkirchen, am 26. 10. 75) — »Des Schloß zu Aschach? — Dreistöckige Arkaden? Wunderboarer Poak? — No ja, — aber des hot die ÖHAG kaaft; gegn de steht bei uns kaa Politiker auf. De loßn den Bau verfoin — und dann schiabmsn auf d' Saitn, is eh kloa!« (Aschach, am 11. 6. 77) — »Habms schon g'hört, jetzt bohrns' im Sauwald aa! Weil's dort den Zwentendorfer Atommüll lagern wolln.« (Kasten, am 26. 1. 78). »Willkommen im Lagerhaus!«[48] kann ich da nur noch sagen. Und schauen, daß ich davonkomm', ab und davon — in meinen Sauwald. »Noch lebe ich, noch hab ich Bilder!«[49]

Altäre aus Schlafstein.
Droben grüner Orgelton,
drunten wühlen schwarze Bässe.
Höckerweiber, Buckelgnomen,
todgeweiht im Sternenmoos.

Selten sickert Himmel
in die Säulenstille.
Zaghaft Meisenlaut.

Nebelengel, lichtbegierig,
wallen empor
und fallen,
rhythmisch zerfetzt,
von der Felsenfuge.

[48] *Willkommen im Lagerhaus!* lockten vor einigen Jahren die Transparente eines österreichischen Unternehmens. Noch dümmer allerdings die jüngsten Plakate der Konkurrenz, die da verkünden: »Ihr Geld hat ein Recht auf Anonymität!«

[49] *Noch lebe ich, noch hab ich Bilder!* Aus »Theriak, 13 Fügungen«, VI, Typoskript 1972.

Ha, hierher werdet ihr mir heute noch nicht folgen! Oder etwa doch? »Der Wald steht schwarz und schweiget / Und aus den Wiesen steiget / Der« Helicop — Draaaaaaaaaa! Sogar in meinem Arkadien, in meiner Gehirnwelt spukt ihr! Warum nur kann euch das denkende Auge so selten vergessen? — Dem gilt es auf die Spur zu kommen. Mag sein in einer späteren Sauwaldprosa[50]. Dahinein will ich meine »Kreuzottersonate« setzen, des Predigers Hochwirth spirituelle Wuschiana am Tag der Erscheinung im Angesichte Marias; von »naturfarbenwechselnden Bohrquellen« will ich berichten, vom Roitl aus »Doschaugst«, wie er in München »ois Ausländer!« unter die Räder geraten, vom Inn, »wiara auf amoi auf Granit bissn hat«, vom »Raikern«, von Steinhauern und von schwarzen Sternen in der Donauschlucht.
Dorthin folgen sie mir gewiß nicht, die Plus- und Minusmacher. Denn wie die alttürkischen Krieger fürchteten, in der Nacht vor dem Kampfe aus den Zelten zu gehen, um nicht unter die Pfeile der kämpfenden Geister zu geraten, so verbringen Heere von Alltagshelden ihre Abende und Nächte lieber hinterm Fernsehschirm, um ja nicht einem Geiste zu begegnen. Oder dem »Wurgaz«[51]. Oder der

[50] *Spätere Sauwaldprosa.* Da mein Verhältnis zur Arbeit kein enthusiastisches ist, ich mich zudem nicht aufdränge — 50 Seiten im Jahr genügen vollauf, bin weder Monomane noch größenwahnsinnig — würde ich solch ein Projekt nach einer verkauften 2. Auflage überdenken, nach einer 3. planen, nach einer 4. in Angriff nehmen, nach einer 5. vielleicht zu Ende bringen, nach einer 6. – Aber jetzt muß ich zuerst einmal darüber nachdenken, ob man den Grünspecht, seines tiefen, satten Tones wegen, »Waldsaxophon« nennen könnte.

[51] *Wurgaz.* Man lese[50].

»Kuh mit vier Hörnern«[52]. Oder einer Smaragdeidechse. Oder sich selbst. — Wo bin ich?

Windbruch.
Die Sonne schürt Ebereschenglut,
kocht Gift auf,
Julisud.

Im Astgerippe
ruht der Schlangenblitz.

Nur auf der Fliegenwolke
lastet der Äther nicht.

Träumende Zeit
unter Farnsegeln,
treib ich im Blockmeer.

Ich entschlief, sagte ich vorhin; sprach also wieder einmal im Traume bei mir. Und fahre alsgleich fort. Der Klugschnacker, den ich schon während des Schreibens näseln hörte: »Das mit den alttürkischen Kriegern ist doch recht weit herbeigeholt — in einem bairischen Sauwald«, er wird kaum für größere Zusammenhänge zu gewinnen sein: weder durch das Robotbuch der Familie Klaffenböck in Voglgrub — Verdoppelung der unentgeltlichen Dienste aus Anlaß der Türkenkriege, 15. 9. 1683 — noch durch Kobell, der in seinem »Wildanger«[53] anführt, was auch ich für mein Jagddivertissement arrangierte: »... da man die

[52] *Kuh mit vier Hörnern.* »Die Kuh mit vier Hörnern war mir allemal lieber wie die mit zwei, die man damals in Zell am See an jeder Gassenecke sehen konnte«, bekennt Alfred Kubin.
[53] *Wildanger,* Franz von Kobell, Seite 128.

Thiere zwang bei türkischer Musik über künstliche Barrieren zu setzen und dergleichen...«

Wünschend, der eine oder andere weltblinde Döser, der sich in meinen Sauwald verirrte, sei auf solche Art hops gegangen, darf ich mich empfehlen. »Muß weiter«[54], Chider[55] nach, Lynkeus werden, ganz Auge sein. »Lerne von grüner Welt erkennen, wo dein wahres Maß / An Erfindungsgabe oder rechtem Können...«[56] Ist es wahr, daß an unseren Schulen das Naturgedicht nicht mehr »in« ist? Welche Schurken wollen das, welche lassen's zu? »Was sind das für Zeiten, wo ein Gespräch über Bäume fast ein Verbrechen ist?«[57] — Nichts gegen Großstadtgedichte, nichts gegen politische Gedichte, auch nichts gegen Literatur aus der Arbeitswelt; die fehlte wahrlich zu lange. Aber *nur?*

Fürchten unsere »Realisten« die ungeteilte Wirklichkeit? Scheut man die Alternative des Lebendigen, die vergleichende Betrachtung? Will man uns die Erinnerungen an »draußen« löschen, unsere Kinder in Betonkäfigen aufziehen, damit sie sich leichter dreinschicken ins Grau?

Nur noch Berufswissen, nicht mehr Lebenslehre —
Aug in Aug mit dem Lebendigen?

[54] *Muß weiter.* Nach dem auf Seite 15 (»Ansichtskarten aus Wales / Erfahrungstexte«, Ehrenwirth 1978) dargelegten Auswahlprinzip.

[55] *Chider.* Siehe Friedrich Rückerts Parabel.

[56] *Lerne von grüner Welt erkennen...* Aus Canto LXXXI von Ezra Pound.

[57] *Was sind das für Zeiten...* Aus Bertolt Brechts Gedicht »An die Nachgeborenen«.

Nein! Nein! Nein! ihr Gleichregler, ihr Systemschalter, ihr Neonfaschisten: gegen euer motorisches Geheul sei es gesungen — das Lied der Sonne und das Lied des Baumes!

Brannenburg, im Mai 1978

2 MAL 13
TASCHENBUCHSTABEN
ZUR WELTFORMEL

TONI WAIM, *1923 in Wasserburg am Inn geboren, lebt seit 1930 in Landshut, Niederbayern. Seine im Haus der Kunst zu München und in der Salzburger Galerie Welz ausgestellten Zeichnungen, Gemälde und Kleinplastiken finden zunehmende Beachtung. Mit dem Autor verbindet ihn eine langjährige Freundschaft (Werkwidmung in »Tag und Tod«) sowie lächelnde Distanz zu allen erklärten Wichtigkeiten.*

Gott hats geem.
Aba Gott hats need.
Im Wassa is zum findn.
Da Adam hats vorn
und Eva hintn.

Biafuizlaphorismen böten sich an. Etwa: Verklemmte lachen nicht. Sie licheln. Wenn's hoch kommt, schaffen sie ein Löcheln. — Oder: Unsa Schtaat is a grouße Pyramidn. Und wea ganz drobm drin sei wui, dea muaß an kloan schpitzn Kopf ham. — Auch: Schriftsteller, die mit ihren Büchern viel Geld verdienen, sind *mir* kein Vorbild; eher verdächtig. Meine Bewunderung gälte dem Kollegen, dem sie von Jahr zu Jahr mehr Geld bieten, wenn er nur davon absähe, dieses oder jenes Manuskript zu veröffentlichen.

Nachdem ich aber das Innviertler Buchstabenrätsel meinem Saukringel-ad-libitum vorangestellt und mich am Licheln jener ergötzt habe, die über der Zeile »Da Adam hats vorn« justamend so suidizöt dreinblingerzten, wie weiland der Gymnasiarch Unterstoesser angesichts des Titels »Sauwaldprosa«, nachdem ich also mit meinem altbairischen Huldigungs-A buchstäblich alles (A = Gott, O = hintn) zusammenfaßte, was in weiteren 25 Taschenbuchstaben zur Weltformel nur noch zu beweisen ist, darf ich mir weitere Biafuizlaphorismen sparen und locker einige Wortkadenzen hinwerfen. Denn der mißglückten Sauwald-Postludiumsfuge soll nun ein Impromptu folgen, eines das, wie ich dem Solisten hier gerne anvertraue, die bewährten Hauptmotive (Sau Wald Prosa) und Sei-

tenthemata (Namen saan Schicksal . . .) weiterführt und variiert, bis, bescheidener freilich, als dies mein bevorzugter Kompositionslehrer Dimitrij Schostakowitsch kann, das Ostinato zusammenfällt, bis nur noch los   gelö-
ste   Töne

Denn die großen Kulminationen, die wilden Tutti, sie sind vollbracht. Jetzt gilt's, spielerisch leicht einen kosmischen Saukringel als Sternenwirbel dranzusetzen, auf daß die Weltfigur vollendet sei: ein Ringelspiel von Buchstaben — nach einem wuchtigen Wurf (Vorderkopf) samt Tellern, Schüsseln, Gebrech, Haderern und Gewehren, sowie nach einem schlanken Gewamme, den Dünnungen. Wird's kein Kringel (als Symbol der Domestizierung), so soll's ein aufrechter Pürzel sein (ein Zeichen der Aufgeregtheit), ein Federlein.

Ei, da habt ihr endlich euer Diminutiv, Abschußsüchtige im Blätterwalde! Denn konntet ihr mein Borstenstück bis heute weder riechen noch ausmachen, wiewohl es einigen eurer Zunft die Trittsiegel respektlos ins Lager setzte, so werdet ihr's jetzt, da es sich im heurigen Lenz ganz ungeheuerlich vermehrt hat, zum Schutze eures Selbst verkleinern müssen. Das Federlein, ihr Feiglinge, die ihr euern Blattschuß nur bei einer Drückjagd träumen mögt, das Federlein mag euch nach so viel Schlottern vor dem Alleingang behülflich sein! Euch die Sau — und mir den Wald mitsamt der Prosa! Warum sollte einer Taschenkosmogonie Queneaus kein Dickscher Taschenkosmos folgen? Omnia mea mecum porto zahlt Empfänger. Und den unzähligen Epochal-, Global- und Äonal-Schriftstellern, die ich bereits vor einem Jahrzehnt in die Tasche gesteckt

habe, gönne ich's, daß sie jetzt endlich ihrerseits Gelegenheit erhalten, mich, wo schon nicht im Kopfe, so doch in der Westentasche zu fassen.
B, wie blödeln. Doch das A wirkt nach. Arco, ballspielsweise, hätte ich vorstellen können, meinen ehrwürdigen »Canis litteratus«. Doch der ist mir jäh in ein anderes Werk gesprungen und dort so hingebungsvoll Nase, Aug und Ohr, daß ich ihn nie und nimmer zurückpfeifen möchte. Bin ja kein Spielverderber! Zumal ich — Leben und Schreiben heißt nun einmal auswählen — das B noch keineswegs bewältigt habe. BeWeltIchth, knurrt's. Aaa, Arno Schmidt? Seit kurzem auch. Und der Logothet wird ihm gern ein Denkmal setzen. Mal?
Sauschwer, diese Schreiberei! Jedes Wort ist abzuhorchen, jeder Satz zu prüfen; auf Stimmigkeit des Bildes und ob nicht unerwünschte Nebensinnlichkeiten . . . Warum ist der goldene Stuhl im Märchen schöner, als ein Goldstuhl? Darüber spräche ich gern mit meinen »Lesern«. Aber nein, wie lange ich für ein Gedicht brauche, fragen sie mich. Geschwindigkeit statt Ekstase. — So halt' ich mich lieber an Pablo Neruda. Er nämlich weiß, daß das aromatische Kräutlein »Vom Eber«, das in chilenischen Schluchten wächst, wenn man es »Pflanze des Ebers« nennte, seinen Duft verlöre »und auf der Stelle verdorrte«.
Schreiben — Zeile für Zeile das Wirklichste, was es gibt, die strengste Schule des Lebens und das wahre Jüngste Gericht. Marcel Proust
O Gott, o Venus, o Merkur, Schutzherr der Diebe, . . .
Stimmt. Ezra Pound, »Innisfree«: Gebt mir nen Tabakladen, oder einen anderen Beruf, bloß nicht diesen verdammten Beruf des Dichtens, bei dem man allweil seine ganze Grütze braucht!

— Im Gegensatz zu Sellern. Bestsellern, mit B, wie bah! Genug der Stoßseufzer. »Die wären ordnungsgemäßer unter S einzureihen!«
Welcher Schweinskopf will mir denn jetzt schon wieder dreinreden? Lüttchen! Auf der Stelle, aus dem Stehgreif bin ich behuft, unter B jeden Stoßseufzer hinauszuschikken, der Biographie ist. Weiß der Fingerzeiger denn, daß im Bayreuthischen Landjäger »Bauernseufzer« heißen? Also seufze ich. Denn Bauer bin ich. Satzbauer. Der aber liebt keine langen Vorreden zu seinen üblen Nachreden und läßt die Frage, warum denn Landjäger, die andernorts Uniformierte waren und Würstchen sind, ausgerechnet zwischen Himmelreich und Redwitz Bauernseufzer genannt werden, unbeantwortet. Eine volks- und lebenskundliche Frage, wie ich vermute. Aber nein, auch in diesem Festbrevier finde ich zu meiner bereits im Nachstell-Vorwort abgehandelten Elementar-Tugend, zur Breviloquenz. Die bewiesen ist, wenn ich kurz drauf verweise, daß ich — ohne den Leser auch nur mit einer Silbe zu belasten — in A und B folgende Geheimwissenschaften miterledigte:
Fichtelnadel-Mnemotechnik, d. i. die Übung, mit belebenden Zahlen und Zeichen bestimmte Begriffe und Ideen festzuhalten,
Saprophilosophie, aus verwesenden Stoffen lebend (neuere und ältere Literaturkritik),
Aristokratischer Sozialismus (Adel der Seele für alle, Breitband-Utopie),
inklusive die schon Baudelaire unangenehm aufgefallene Wechselwirkung von hochkapitalistischer Großstadt und Zerstreutheit.
Sogar einen Ausfall gegen die Vulgär-Naturwissen-

gschaftler brachte ich unter, gegen jene, die das Menschenleben einzig als Spiel von Kohlestoffverbindungen erklären (Beethoven, Sonate op. 111: »auch nur« klingende Chemie).

Nach *solcher* Kürze ist die Frage, ob der Stoff oder der Erzähler regiere, überflüssig. B, wie Beinbrecher, sag' ich: Eisenstangen, unterm Tor als Rost eingelassen, damit dahergelaufenes Rind- oder Sauvieh Halt mache vor dem Friedhof oder dem Garten.

Selbstredend regiert der Erzähler! Stoff? Gehört in die Romanufaktur. Hierher also nicht. Wie ich lebe, nicht um zu leben, sondern weil ich lebe, so schreib ich bloß, Freund, weil ich schreibe. ??? Jawohl, 's ist von JP; siehe Fußnote Seite 69! Dies gilt für meine dritte, verbesserte und mit neuen Dreckfühlern angereicherte Auflage erst recht. — Schon, schon: die Grenze unproduktiver und produktiver Vieldeutigkeit mag schwer zu bestimmen sein; eindeutig aber ist meine Absicht, Erfahrungen unter dem Einkaufspreis abzugeben. Nur: Trau, schau wem! Und deshalb bleibe ich ohne Haß bei meiner Verachtung aller Buchbesitzer, die meinen, ein freier Unternehmer, wie ich, habe den Arbeitnehmern, welche doch nur die Reproduktion des Textes bezahlten, Absatz für Absatz geistiges Einkommen zu garantieren. Und zwar arbeitslos. See Europe, Spain and Heidelberg, Pope comprised! Denkste!

Haut ab, ihr Verkürzer der Sprache und des Lebens! In die Büsche, ins Wiruwaruwolz, sprechblasenkranke Mickymäuse, Feuilleton-Gofies und Buidlbeppis! Für euch nicht die Doppel-Revue in Großlausau und Kauzen samt Feldzügen — sondern den Nürnberger Trichter! Nie, nie, nie werdet ihr — — —

Aposiopesis. Dann tief durchatmen. Ist er auch in Arkadien? Nein, in Saubügel. 83. Zykel.
Also ganz ruhig bleiben, ganz ruhig. Der Mensch entdeckt doch nur, was in ihm selber steckt. Oft nicht einmal das. Mein Sauwald bedarf keiner Handlung. Er wächst von selbst. Insofern hätte es der geographischen Annäherung — innabwärts nach Wasserburg — nicht bedurft. Wohl aber der großen Wende in meinem Leben. Denn jetzt, nachdem mich der letzte Wille mit einem teuflischen Pferdefuß angetreten und meinen Radius beträchtlich verringert hat, soll sich's erweisen, ob meine Literatur aus einer gewissen Fülle des Lebens oder nur aus einer seelischen Desorganisation stammt, wie so arg viel Wortwerk kaputter Typen. Der Cantus firmus für Solisten mit Pferdefuß, mit dem ich mich firm — und über die eingeschränkte Mobilität hinweggesungen habe, spricht für die Fülle des Lebens, für jenen Überschuß an freiem Denken, Fühlen, Riechen . . ., dem ich so selten begegne in den Cafés, in den gut möblierten Privathöllen, im verglasten Grau psychotechnisch verwalteten Dösens.

Oder falle ich unter die neueren Melancholiker, als einer, der seinen verlorenen Privilegien — mit dem Fahrrad durch Siebenbürgen, mit dem Fischkutter vor Neufundland — nachtrauert? Bin ich eins: Wort und Wesen? Dann wäre ich meiner Weltformel nahe und lebte, indem ich schreibe, was ich lebe. Doch nur, wenn ich's genau nehme. Genauigkeit, sagt Hume, kommt der Schönheit zugute und richtiges Denken dem zarten Gefühl. Genauigkeit ist Liebe, und wo wir ungenau miteinander umgehen, sind wir lieblos.
Zertreten wir nicht Sonnenthau, Hirtentäschel, Käfer und

feinstes Antennenwerk eines Nebenmenschen öfter aus Achtlosigkeit als aus Zerstörlust? Und nennen wir das nicht lieblos — ohne den schweren Vorwurf des Bösen? Was nun, ihr zierlichen Dämchen beiderlei Geschlechts, soll der Schaukampf eurer Gefühle gegen meine oder eines anderen Menschen Gedanken? Was soll das Geplapper — Herzmensch hier, Kopfmensch dort? Erkennen wir unsere Beziehung zu Mensch, Tier, Pflanze und Ding nicht an den Gedanken, die wir ihnen schenken? Und sind wahre Gefühle nicht vernünftig, weil ihnen Gedanken innewohnen? Und was sind Gefühle wert, die keine Gedanken, keine unablässige Emotion anhaltender Genauigkeit zeitigen? — Blähungen sind's, gestaute Winde, die da drücken als vermeintliche Fülle. Und nun rümpft die Näschen und fühlt's für Sekunden: Wer wenig denkt, empfindet auch wenig. Und falls ich euch wieder einmal auf einen Gedanken bringe, sagt nicht schnellfertig »Genau!« — sondern seid's und denkt weiter. Dann will ich gern mein tränenloses Gesicht über dieser stumpfsinnigen, geistfernen Freßwüste an euren Augen netzen. Und solch eine Fata Morgana genüge mir nun, fortzuwandern in meinem Buchstabenspiele, in meiner Lebensfibel für Kinder.
So, nun ist's raus: Nicht für Erwachsene schreib' ich. Die langweilen mich. Die täuschte ich schon als Bub. Wollte ich unbeobachtet sein, so hatte ich nur artig zu spielen. Also spielte ich, knetete »Riesenschlängen«, baute gewagte, betürmte Brücken — und vergaß darüber selten, zu beobachten. Denn so langweilig sie waren und sind, die Erwachsenen, man muß ihnen früh die drei vier Gesichter, die fünf sechs Redensarten, die ihnen wichtig sind, ablernen. Dann hat man's fürs erste geschafft, dann geben sie

sich zufrieden und stören nicht gar so oft die zweite, die andere, freiere Welt, die man sich in den Kopf zu setzen hat, will man durchkommen.

Ein lächerliches Volk, diese »Großen«! Aber gefährlich. Wir Kinder wissen, daß man sie nicht aus den Augen lassen darf. Geben wir uns zu kräftig dem Spiele oder unseren Träumen hin, sehen wir uns bitter-gewaltsam geweckt: Willst du denn nie erwachsen werden?
Sie nennen uns ihre Schnuckelchen, ihre süßen Kerlchen, während sie diese Welt, in die wir zu nutzlosem Leiden hineingeboren wurden, verrecken machen. Daher auch ich meine Spiele unterbrechen und meinen Schmerz hinausschreien muß. Das finden sie dann ungezogen, sehen's mir aber noch einige Male nach, weil ich mich doch bald wieder in gspaßigen Vergleichen, schönen Naturbildern, köstlichen Beobachtungen und fremdartigen Verwandlungen beliebt mache. Zur Gänze haben sie ja das Kind, das sie einmal gewesen, nicht veröden können — und in solchen Augenblicken, ich gesteh's, sind sie mir wieder lieb: für ein flüchtiges Lächeln oder einen Blick, in dem sich das Leben wohl spiegeln möchte. Doch schon vorbei, und ich spiele wieder allein fort unter Leichenbitterminen und vereisten Gesichtsmasken.

Zu essen geben sie mir ungern. Du kannst ja essen spielen, mußte ich hören. Aber es gibt Freunde, die mich nicht verkommen lassen, und so singe, lache und weine ich, wie es mir in den Sinn kommt. Denn »Hühnergeschrei liest Kronenzeitung« und die Erwachsenen bleiben kindisch. Wir aber wollen in kindlichem Ernste, nachdem wir schon einmal B gesagt haben, das

weiterhin denen lassen, die uns nicht mehr täuschen sollen
nach Gut und Blut zweitausend Jahren.

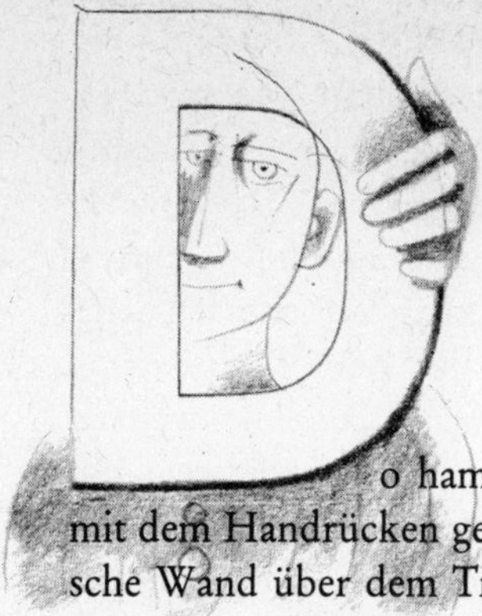

Do hamas! sagte der Mann und klopfte mit dem Handrücken gegen die Zeitung, die er als spanische Wand über dem Tisch der Rosenheimer Bahnhofsgaststätte aufgerichtet hatte. Das Blatt knickte zu mir herüber. Es gab meinen Blick auf ein Gesicht frei, in dem, wiewohl es ansonsten eher nichtssagend sein dürfte, eine Ungeheuerlichkeit zu lesen stand. Sogar an Schah hams abserviat, de Ölmultis, und dees — do schtähts schwarz auf weiß! — gegen die Interessen der amerikanischen Regierung.

Augenbefehl an mich, zuzustimmen.

De schpuin doch mit uns! Und wea need mithupft oda eana gfährlich wead, den murksns ab, wiaran Seibatinga.

Sepp Selbertinger zu Selberting? vergewisserte ich mich.

Genau! bestätigte der Mann mit Zeitung, Bier, Schnauzer, Filzhut und Dackel.

Abgemurkst? setzte ich nach.

Dees woaß ma doch seitam Dutznd Johr! Dees is wiakli nimma sNeieste. Jednfois hotman aufamoi nimma gsähng — und zwar ausgrechnet nach seina groußn Erfindung, de wo mit oam Schlog olle Energieprobleme glöst hätt! sagte der Informierte und entfaltete sein Blatt, Neueres zu suchen.

Der Kellerer-Schorsch, ein Redaktions-Kollege, hatte mich, Anfang der Sechziger-Jahre dürfte das gewesen sein, mit Sepp Selbertinger bekannt gemacht. Im Stechl-Stüberl an der Rosenheimer Heilig-Geist-Straße, einer Lokalität, in die ich, stundenweise zumindest, meine »Außenredaktion« verlegt hatte. Hier traf ich nach Sepp Selbertinger weitere mythenkräftige oder sagenumwobene Bayern, Franz Joseph Strauß z. B., und den weitaus originelleren Xaver-Harakiri; »da Zwoaschneidige«, wie er genannt wurde. Doch darüber andernorts.
Nun also wünschte ich Näheres über den Mann zu erfahren, der damals seltsam-selig gelacht, kaum einen Satz gesprochen, sondern mir nur — auf Schorschs verschmitztes Geheiß — ein Buch hingeschoben hatte: DER UNIVERSALSCHLÜSSEL ZUM WELTRAUM / Tausend Entdekkungen mit Patentanmeldungen unterlegt / von Sepp Selbertinger.
Haben Sie, wagte ich eine Unterbrechung, das Druckwerk Selbertingers gelesen?
Ein tiefer Schnauferer, ein verächtlicher Blick: *Das*, phh! — *Olle* hobi glesn, olle sexe. Scho ois Manuskript, bevors nacha naus saan, inara Schtartauflog vo Schtuckara 10 000!
Und? fragte ich.
Das gesammelte Schweigen all der fünf Bände, die ich nicht gelesen habe, fröstelte mich an. Doch ich gab nicht auf. Die »Trigonalstrom-Theorie«, die »Goldenen Linien der Allstrombasis« oder die »Sogwind-Generatoren«, von denen in meinem Selbertinger die Rede ist, was halten Sie davon?
Keine Antwort.
Alle die Paragraphen zu »Bergfarben, Fieberwenden, Totenfreigabe, Ultra-Vegetation, Induktionsstrom-

Transformatoren, Irrwurzen, Bumerang-Gesetzen, Unterglauben, Verbundwissenschaft, Tiefenwärme, Stromkreuzung an Unglückskilometern, Jungfrauenerde, Sternenrücklauf, Unterwasser-Pyramiden, Stromharmonie« und dergleichen, wie denken Sie darüber?

Ratsch und Peng, flog die Zeitung beiseite. Was ein echter und überzeugter Rosenheimer ist, nun sollte ich's erfahren. (»Nach-der-Schrift« übrigens, denn die Erregung des Schnauzbärtigen ließ ein häusliches Bairisch jetzt offenbar nicht mehr zu.) Junger Mann! mußte ich mir sagen lassen, Sie sind kein geborener Rosenheimer. Das merkt man an der Aussprach. Sie kennen höchstwahrscheinlich nicht einmal den Fichtenweg — Nummer zwei —, wo Selbertinger zuletzt noch gesehen worden ist, weil er dort nämlich gewohnt hat. Folglich können Sie überhaupt nicht mitreden. Tatsache ist, daß Selbertinger nicht für Pedanten schrieb, sondern zum Nachdenken in größten Zusammenhängen — und an Forscher, das heißt: verschlüsselt. Ohne die Kenntnis *aller* Bände wirkt *ein* Band, das mag ich zugeben, wirr, unverständlich, ja, als Witz. Aber Selbertinger wußte schon, weshalb er so vorging. Er wollte sein Geistesgut nicht an Flachköpfe ausliefern, die es nur mißbrauchen würden. Oder an die internationalen Trusts, gegen die er, ein Privatmann, seine Entdeckungen nicht hätte verteidigen können. Vielleicht, junger Mann, haben Sie zufällig die Geschichte des Lüneburger Erfinders Gerhard Lynen mitbekommen?! Vor einigen Tagen ging's durch die Presse: Lynen hat auch resigniert unter den übermächtigen, vor kriminellen Methoden nicht zurückschreckenden Konzernen und darauf verzichtet, seinen Superkleb- und Isolierstoff, der bald unseren Markt erobert, patentieren zu lassen. Der gute Mann weiß zu genau, daß er sein Leben lang gegen die finanziell überlegenen Wirtschaftsgiganten, die ja bekanntlich ganze Regierungen kaufen — Ameisen halten sich Blattläuse, Konzerne Parlamentarier! —, prozessieren und verlieren müßte.

Ja, über Lynen las ich. Und daß auch die Justiz rasch das Recht des Stärkeren vertritt, zeigte Martin Urbans SZ-Bericht über Jürgen Dahls Kampf gegen die Gift-Spray-Produzenten. Da wurde sogar das mangelnde Fassungsvermögen einer immer nur halb hinhörenden Mehrheit, einer ungebildeten zudem, gegen den aufklärenden Wissenschafts-Journalisten ins Feld geführt; so quasi: du bist schuldig, wenn du Sätze von mehr als drei Worten schreibst oder sprichst: Weil dir andere geistig nicht mehr folgen können. Kurz, die Justiz als Nivellierungsgehilfe einer perfekten Deppokratie.

Eben, eeeben! Und jetzt sehen Sie Sepp Selbertinger vielleicht doch mit anderen Augen?!

Nein, sagte ich. Eher reihe ich ihn in jene Rosenheimer Du-ahnst-es-nicht-Galerie unfreiwilliger Originale ein, angefangen bei der Daxer-Lies und dem Kohlenklau über den Nacktbuidlbürgermeister bis hin zu jener kuriosen Runde jüngeren Datums, die es selbstverständlich findet, daß zur Vorstandschaft ihres 1978 neu organisierten »Historischen Vereins« ——— nicht ein einziger Historiker zählt. Aber lassen wir solche Kabinettstückchen und auch Selbertingers seltsame Sätze von »Auffanghügeln, Heilfeigen, Inzucht-Kollaps und Reibungsorganismen« beiseite. Sagen Sie mir lieber, was das für eine weltumwälzende Erfindung gewesen sein soll, die er angeblich mit dem Leben bezahlen mußte!

Angeblich, angeblich! Sie saan lustig! gallte der Rosenheimer und lüpfte den Hut, als müsse er Dampf ablassen. Geh, rief er, Karol, sags *du* eam!

Bedrohlich klang diese Aufforderung. Sie erging an einen riesigen, kastanienbraunen Ledermantel, in dessen aufgestelltem Kragen, wie ich einige Mühe hatte, festzumachen, ein winziger, mit Furunkeln übersäter Kopf sich tarnte. Karol schlurfte gefolgsam heran, blieb hinter meinem Rücken stehen: Ich nix viel wissen von Selbertinger. Aber Idääh gutt. Und darum Selbertinger hat missen wägg. Vielleicht mit Geheimdienst — und jetzt bauen Russen seinen Kopfreaktor. Amerikaner nicht. Amerikaner dumm. Haben ja nicht einmal kennen verhindern Chomeni, wahnsinniges Derwisch, wo er doch gewäsen in Paris.

Was für ein Kopfreaktor? fragte ich und wies der Bedienung zwei Biere an. Nun erst setzte sich der Riesenmantel Karol. Listige Augen, fast zugewachsen im Drahtstoppel- und Furunkelverhau.

Ich zuärst auch nix geglaubt. Gedacht: plämpläm oder so. Abär Idääh, wenn man denkt nach, gar nicht so dumm, wie der da, lachte Karol. Dabei hieb er dem säuerlich, doch gefaßt dreinblickenden Rosenheimer auf den Oberarm.

Kopfreaktor? fragte ich. Wie sollte der denn funktionieren? Karol, als hätte er diese simple Frage von mir nie erwartet: No mit was? Mit einzige Energie, wo nicht geht aus. Wo man auch nicht braucht Bergwerk, wie bei Uran, oder muß bohrän, bis Atlantik ist Sauschtall, oder, wenn Scheich drehen Elhahn ab, Eiropa muß knierutschen.

Also, Sie meinen, der Erfinder lebt noch? wollte ich Karol fragen, als mein Blick auf einen Suggestiv-Zwinkerer traf.

Der Augenkontakt genügte dem am Nebentisch, sich in's Gespräch zu mischen: Na, na! — Umbrocht hamsn. Giftpistoin oda so. Nachts amoi beim Hoamgeh, tschapp-diwapp-patsch-bumm, aus und weg. Do wett i gor need. Dea hätt eana zvui Gschäft vamasslt.
Triumph im Gesicht des Schnauzbartträgers, Na-bitte!, das ihn wieder reden machte: Herrschaftszeitn! Daß unter der Landeshauptstadt in zweitausend Metern Tiefe ein riesiger Heißwasserstrom fließt, der heuer schon von einer eigens gegründeten Gesellschaft angezapft und ins Münchner Fernwärmenetz eingespeist wird, war den Ölgesellschaften ja auch schon lange bekannt! Aber sie haben's geheim gehalten, um uns ihr schwarzes Zeug leichter andrehen zu können. *Das* ist die Moral dieser internationalen Gangster-Syndikate. Und den Selbertinger, der noch viel mehr von Himmel und Erde gewußt hat, als alle unsere gekauften, geschmierten und auf Geld dressierten Wissenschaftler miteinander, an Selbertinger hams dreihunderttausendprozentig abgmurkst, sog i!
Nicken am Nebentisch. — Karol?
Ich nix Schpäzialist, wie der da.
Wieder flaxte er den Filzhut an. Oder gar mich?
Aber Idääh mit Kopfreaktor gutt.
Was für ein Kopfreaktor? beharrte ich.
Faulwasserkopfreaktor. Energie unendlich! sagte Karol, zog schprazzelnd den letzten Schluck Bier aus dem Glase. Dann: Solangä Menschen auf Erde — Nachschub gesichert.

Faulwasserkopfreaktor? Vielleicht wollen die mich verarschen? Dieser Karol hat die Grütze dazu. Der Kerl schaut ungewöhnlich munter aus dem Mantel.

Also nocheinmal: Sie meinen, Selbertinger lebt und seine Kenntnisse dienen einer ausländischen Macht? forschte ich.
Karol: Mich hatter amal mitgenommen. Pläne zeigän. Ganze Tisch voll. Nix verschtanden. Ich Fliesenläger. Aber Prinzip klar. Dummheit von die Menschen ist unerschöpfliche Energie.
Ich lachte, Karol indes sprach unbeirrt weiter: Menschliche Dummheit, was ist unbegrenzt, im Gägenteil von Uran und El, wird übertragen, gesammelt über Vertikalstrom-Syntheseizärr, oder so ähnlich, bitte, ich kein Ingenieur! —— und kondensiert. Gewissermaßen: mobile Faulwasserkopfreaktore!
Dann stimmt's wieder, wenn man sagt: Dea brummt voa Dummheit wiara Trafo-Haisl?! kommentierte ich.
Ja, ja — lachenS nur! schimpfte der Rosenheimer, seinen Dackel barsch aus dem Schlafe klopfend. Pathetisch: Die Welt ist gewöhnt zu verhöhnen, was sie nicht versteht! — schrieb Selbertinger einmal . . .
Und ist von Goethe, korrigierte ich.
Stimme vom Nebentisch: Jednfois hams an Otto Lilienthal zeascht aa ausglacht, und eam need alloa!
Do hamS recht, bestätigte ich. Und Sepp Selbertinger zu Selberting, der Entdecker des sogenannten Rosenheim-Effektes und Erfinder des Quasselkopfreaktors . . .
Sie, weanS iatz need beleidigend! unterbrach mich der Vorhin-noch-Zwinkerer. Vowegn Rosnheimdeffekt und so. Mia saan fei zdritt! Megn Sie vielleicht behauptn, daß mia olle bleed saan, ha?
Karol grinste neutral. Er spielte mit dem leeren Glas. Streit nix gutt, beschwichtigte er nach einer Weile spannungsgeladenen Schweigens.

A Schnaps muß her, lenkte ich ein, vorläufig die sympathischste Energiequelle.
Allseitiges Nicken, wenn auch unter total verbiestertem Geschau des Dackelbesitzers. Die Kellnerin verteilte die Stamperl. Karol hob das Glas als erster: Auf Sepp Selbertinger!
Daß dEnergie need ausgäht, krächzte, sich verschluckend, der Ex-Zwinkerer. Kanzelkalt der Schnauzbärtling: Solange es Menschen gibt, geht sie nicht aus!
Anderseits, folgerte ich, ist ja gerade die Energiekrise das Ergebnis menschlicher Dummheit, deren weltbeherrschende Kraft Sepp Selbertinger, dieser eines Tages wohl populärste aller Rosenheimer, früh erkannt hat. Denn wären die Zweibeiner vernünftig, verheizten und verpulverten sie die Rohstoffe nicht so sinnlos, hätten sie keine Energiekrise. Lebten sie, wie der Öd sagt, mehra ausm Hirn und weniger ausm Kuihschrank, dann . . .
Paragraph 525, »Strom oder Geistesleben«, fuhr mir der Dackelmensch übers Maul. Und Patsch, knallte er mir einen zerfledderten Band 1 des Selbertingerschen Werkes hin. LesenS dees amoi *laut* vor, Sie Übergescheitling, Sie greana!
Ich tat, wie mir geheißen: »Gedanken sind nicht persönliches Eigentum des Menschen. Nach dem Tod tritt dieser Strom auf andere gleichartige Lebewesen über, einen Stillstand gibt es nicht in der Natur. Diese Tatsache ist sogar sichtbar.«
Kaum hatte ich den Abschnitt zuende gelesen, schnauzte mich der Filzhut an: So einen Gedanken müssen Sie erst einmal denken, junger Mann! Dann, dann erst könnenS Ihnen lustig machen über Erfinder, die sterben mußten, damit Leute wie Sie ihre Füße anwärmen dürfen!

No-no-no-no! versuchte Karol den Zürnenden zu beruhigen, der nun hastig in dem Selbertinger-Werk blätterte, als suche er eine Passage, die mir ein für allemal den Rest geben würde. Doch er fand das Richtige nicht, winkte fuchtelig ab, steckte die Schrift grob ein: äh! SparenS Ihre Energie, eines Tages werden wir sie brauchen! frozzelte ich, rief die Bedienung, bezahlte und schickte mich an, das Lokal zu verlassen.
VergeltsGott! heiserte Karol.
Nixfiarunguad! hängte der Nebentischgenosse dran.
Der Jünger Selbertingers aber schwieg grimmig, wich meinem Blick aus. Was für ein nichtssagendes Gesicht, dachte ich im Gehen. Ein typischer Rosenheimer. Beim besten Willen nicht zu unterscheiden von all den Prienern, Aiblingern und Miesbachern, die du — und genau das ist ja das Typische an ihnen — soeben erblickst und im gleichen Moment vergißt.
Doch man lasse sich nicht täuschen! Sepp Selbertinger zu Selberting — hatte er nicht auch so ein Gesicht? Und dennoch schrieb er seinen großen Paragraphen 301: »Religionen müssen Menschen haben, nicht umgekehrt. Anders ist es bei der Natur, diese kann auf die Menschen verzichten, doch dienen ihr beide ungewollt.«

Es kommt der Tag, wenn er nicht schon vorüber ist, an dem ein Essayist, ein höherer Aufsatzschreiber, Hugo von Hoffmannsthals Rede »Das Schrifttum als geistiger Raum der Nation« (10. 1. 1927) in die eigenen Schranken verweisen und eine Untersuchung herausbringen wird, betitelt: Das Wirtshaus als geistiger Raum der Nation / Dargestellt am Schrifttum von Uwe Dick.

Ausgehend von der Tatsache, daß vor allem das Fernsehen die Stammtische unserer Wirtshäuser verkleinert, doch geistig gesundgeschrumpft habe, weil sich die niedere, zur Eigenunterhaltung unfähige Intelligenz nun Mattscheibe vor Mattscheibe im Pantoffelkino aufhalte, wird der Skribent, vermutlich ein Akademiker, mit der gleichen Genauigkeit, mit der sie vor Jahren an der Universität Regensburg das Durchschnittsalter der AKZENTE-Autoren aufschlüsselten, meine Wirtshaus-Szenarien vorrechnen — vom Wusch bis zum Selbertinger, vom Öd bis ins Cantus-firmus-Interview — um alsdann meine Genialität in die Nähe der »großen Wiederholungen« zu rücken und wissenschaftlich zu beweisen, was ich nur genial-intuitiv spürte, was ich nur unbewußt, dem Code eines eingeborenen Gen-Auftrages folgend, zu gestalten genötigt ward, nämlich »Die Energetik und das überlegene Prinzip des

Wirtshausdialogs für Kunst und Gesellschaft«. — »Die Sau-Metaphern als demokratisches Indiz«, »Biokratie contra Bürokratie«, »Der Granitkernbeißer als Herausforderung des Staatsadlers« und dergleichen Afforismen (hier folge ich den Rechtschreibreformern) wird der Lese-Wissenschaftler jedoch hinzu-kapitelieren müssen, wenn er außerordentlich Furore machen und ordentlicher Professor werden möchte. Denn der Staat läßt sich's nicht unbesehen etwas kosten, die natürliche Intelligenz, die auf Bewegung und Veränderung drängt, mit Hilfe von Schulen und Akademien in eine denaturierte, seinem Wesen entsprechende, in eine statische stillzulegen. Bis ois ganz staad is.

Die gerade noch schworen, das Licht vom Himmel zu holen und das Unrecht ringsum zu versengen, finden wir nach einigen Jahren höherer Laufbahn merkwürdig gekrümmt, den Würsten gleich, die ihren Horizont verhängen (du würst Karriere machen!) und für den sie wursteln. Was man liebt, in das wird man verwandelt! sagte ein Kirchenlehrer – und mancher weltliche sieht genau so aus. Alles, nur die tägliche Wurst nicht, ist ihm Wurst. Und hätte man nicht Nietzsche gelesen – Zarathustra: Den Schweinen ist alles Schwein — käme man nie ans Ende der Wurst, zum Zipfel der Wahrheit, zur Antwort auf die Frage, warum die Charakterbildner offenkundig keinen Charakter haben dürfen?

Aber jawohljawohl: Ausnahmen bestätigen die Regel. Und ihnen zuliebe, die den Beruf des Lehrers ehren und den Geist repräsentieren, rücke ich einen Brief ein, den ich 1980 schrieb. Mein Taschen-Alphabet wäre nämlich unvollständig und mein Sauwald nur ein Herbarium-Gebilde, fehlte der Briefsteller, der ich bin:

Liebe Lehrer und Schüler des Albrecht-Altdorfer-Gymnasiums!

Für die Festschrift zum 100. Geburtstag des Albrecht-Altdorfer-Gymnasiums überlasse ich der Schule den Erfahrungstext »In den Wind gesprochen« (»Ansichtskarten aus Wales«, Ehrenwirth 1978, Seite 26/27); eine poetische Inszenierung der Tatsache: Wer nichts weiß, kann auch nichts assoziieren. Weil aber Assoziationen das halbe Leben sind, mag ein solches »Bildungsgedicht« Plädoyer sein fürs freie Spiel der Phantasie, für die Lust eines Denkens, das nicht nach dem Noten-Bonus schielt oder aufs finanzielle Was-bringt's? Denn das zweckfreie Abenteuer des Lernens ist das einzig sinnvolle. Alles andere führt zum Fachidiotentum. Davon haben wir genug. Ach, zu viele Schüler fragen bereits: »Brauch i dees? — Weer i doo prüft?«, bevor sie sich mit (einer Auswahl von) Fakten einlassen. Welch eine unproduktive und zudem lustlose Fehlhaltung! Doch sie ist die Konsequenz einer — leider auch Politik gewordenen — Koofmichl-Perspektive, die Schule nicht mehr als Vorbereitung fürs Leben, sondern nur noch als Ausrüstbetrieb fürs Berufs-Dasein versteht: Robotermontage.
Lehrer des Albrecht-Altdorfer-Gymnasiums, und hoffentlich recht viele Schüler, gehen dagegen an. Ich spürte es, bevor ich es wußte. Schon während meines ersten Zusammentreffens mit Klassen der Oberstufe im Jahr 1975. Im Gegensatz zu Lehranstalten, in denen es mooselt, in denen geduckt, ohrenangelegt oder sogar gehandschleckt wird, im Gegensatz zu Häusern, in denen mir fast nur Anpasserei und Nicht-Persönlichkeit daherschlich, fand ich im

Gymnasium am Minoritenweg jedesmal eine Atmosphäre geistiger Offenheit, couragierter, kritischer (nicht kritelnder) Wachheit, kurz: Ansprechbarkeit, die meine Arbeit in Lust verwandelte, mich inspirierte; was die Gelöstheit unseres Miteinanders bewiesen haben mag.
Solche Fähigkeit zur Konzentration, die jede verordnete Disziplin überflüssig macht, auch die Unerschrockenheit, mal einen ketzerischen Satz zuzulassen, vor allem aber die Fragen, die gestellt wurden (sogar in Briefen), alles das kommt nicht von ungefähr. Es sind Ergebnisse, Früchte einer Arbeit, die nicht leistet, wer immer nur die Verhältnisse, die Zeitumstände, die »Sachzwänge« — non mea CULPa! — beklagt. Geist schickt sich eben nicht drein in eine Welt, wie sie ist (und sei sie angeordnet)! Geist leistet Widerstand. Auch gegen das feig-übermächtige Abstraktum der Instanz, der Institution setzt er die (übrigens nur im Widerstand und im Clinch mit Fakten wachsende) Persönlichkeit, das ungeteilte Ich, die »Stirnbinde des Namens«, wie Ossip Mandelstam es einmal nannte.
In diesem Sinne meine besten Wünsche für Euch alle!
Durch manche Wände kommt man nur mit dem Kopf. Wo ein Wille ist, ist auch ein Weg. Unabhängig — von den festgefügten Winkeln eines ehrwürdigen, hundert Jahre alten steinernen Treppenhauses.

In herzlicher Verbundenheit

Uwe Dick
8090 Wasserburg am Inn
Marienplatz 17

Frösche hören auf zu quaken — quamvis sint sub aqua, sub aqua ... — sobald man ihnen ein Licht an den Weiher stellt. Nicht anders meine Kritiker: kaum nähere ich mich ihren Binsen (Sauen schätzen solche Dichtungen besonders als Material zum Bau ihrer Buchten), kaum dringe ich vor zu ihrem Revier aus Schlamm und Blättern, verfaulten Hölzern, toten Fischen und verrottetem Müll, verstummen sie, und die Ruhe, der ich mich schlagartig ausgesetzt höre, stimmt mich dankbar für die nächtliche Lehre, daß der menschliche Geist zwar nicht regiert auf dieser Welt, aber doch wenigstens, wo er überraschend aus dem Dunkel ins Dunkel leuchtet, schweigend anerkannt wird.
Einer der überzeugendsten Froschbrusttöne im allgemeinen Marxen und Murxen — das Echo hallt nach, wo ich schon fortgegangen — ist das Wort Objektivität. Dieses Amphibien-Flösselken meint jene Art von Blindheit, bei der Vorder- und Hintergrund nicht mehr voneinander zu unterscheiden sind. Und mit ihr, glaubt man, sei jedes Phänomen, also auch ein Sauwaldläufer, zu erfassen. Objektiv ist er ihnen zu subjektiv. Als ob der Mensch je mit anderen, als mit seinen Augen sehen könnte, quaksalbadern sie die Froschperspektive: Frogido, ergo sum. Fliegensumm, versteht sich.

Indes mein diskursiver Strom längst innabwärts rauscht, allen Tümpel-Existenzen zum Schrecken, denen gestandenes Wasser schon wegen der geliebten Überschaubarkeit gemäßer ist. Also nicht nur, weil ihnen am Teiche, so nicht der eigene Wortlaich dazwischenschliert, Selbstbespiegelung ungestörter gelingen mag, als am ruhelosen, saugenden, aufwirbelnden, untertauchenden, Tote wie Lebende fortreißenden, Turbinen treibenden Flusse. Furcht vor der begeisternden, das Weite suchenden und frühlings das Enge sprengenden Kraft hält die kritischen Schnäpper fliegenglottogonisch an den Wasserlöchern. Wir aber, die wir suchen, was wir noch nicht sahen, vertrauen uns gern einer freien Rede an: Der Gedanke zählt. Alles andere ist Zeremonie.

»Der Rauh, des Arschloch, hat über die offene und gschlossene Form zwanzig Seitn gschriiim.« (Irrenlohe, am 23. 2. 1978, im Eilzug Schwandorf — Nürnberg. Der's sagte, sah nicht aus, als sei er für den Sauwald verloren. Aber für die Literatur, fürchte ich, ward hier eine Chance schulgermanistisch vertan. Schade.

Daß mir doch bei dem Wort Dummheit immer eine behördliche Maßnahme einfallen muß?! Eine — am Anfang, hundert im Nachtrab, und begänne ich mich zu entsinnen, käme ich rasch vom Hundertsten ins Tausendste. Das wäre dann wieder ein »Buch der Rekorde«. Ein beliebtes Buch. Denn die Welt der Koofmichls ist eine Welt der Quantität. Entsprechend die »Vorbereitung«: Fakten fressen, Theorien kauen, bis das wehrlose Gehirn versagt.

»Das vaschtähsch doch net, Büüüble! Das kannsch doch noch ganed wisse wolle?!« sulberte so ein ausgewachsener, vom Staat als Kinderverderber zugelassener Voll-

idiot, und wurstfingerte nach meinem Lieblingsbuche voller Geheimnisse. »Tschuang Tse? Was liisch' denn Chinese? Mir habbe doch genug deutsche Dichta, wosch lese und schreibe lerne kannsch!« — Brrr, bis heute.
Aber die doppelte Verneinung, die ich damals aus Bayern nach Karlsruhe eingeschleppt hatte, trieb mir der geborene Untertan nia need aus. Und so lebe ich heute, indes er seine Pension verzehren mag, die Lust, der Welt Werte abzulehnen. Das ist meine ganze Originalität, meine ganze Lebenskunst vor diesem Weltgedümmel: What thirteen million people say must be wrong!
Zur Verständigung zweier Seiten genügt es, daß sie das Schlimmste voneinander denken. Ich denke das Schlimmste von einer Gesellschaft, in deren Schulen Zivilcourage nicht erstes Pflichtfach ist, in deren Schulen kaum ein Pädagoge die Levana kennt, in deren Schulen Seume, Börne und Karl Kraus so gut wie unbekannt sind, in deren Schulen Lehrer umgehen, die selbst nichts anderes als duckende, verdruckste Schüler sind, unwilliger, zu lernen, als jene, von denen sie es verlangen.
Bin ich weit genug gegangen? So dürft ihr wieder hervorkriechen aus euern Blättchen, lichtscheue Erlaubfrösche, den Traum des weißen Großfroschs nachquaken, dem man ein Aufsteiger-Leiterchen ins windgeschützte Pavilliönchen stellte, damit er zeige, ob kulturelles Kaiserwetter sei. Sauget euch weiterhin fest an glattesten Dingen, diesem hinreichenden Grund eures Gequakels. Aber aufgepaßt, daß euch nicht eine Sau zusammenfrißt, mitten im schönsten Teichkonzert! Oder wähnt ihr in diesem physikalischen Zeitalter sicher zu sein, der Sauwald-Eber würde, so sein Rüssel euch berührte, von eurer galvanischen Froschkörper-Elektrizität tödlich getroffen, umsinken?

Gedicht, das abhebt mit einem Reiher

Lyrisch-prosaische Morgenkantate vom Dach der Welt herab, welche atacca umschlägt
in eine Uferpredigt an Vermehrungsbürger und Naturverräter, solchermaßen ein verstörter Gesang aus der Großen Wende, dem erst ein Brudervogel Flügel verleiht

Auch

Variationen über das Thema: »Red nicht, sei!« — mit Sätzen von Wolfgang Amadeus Mozart, Elias Canetti, Karl Kraus und Jordan von Wasserburg

Grünfontänen aus der Sandwand springen.
Schwalbenküsse.
»Ich sitze da wie ein Prinz«, Pflaumengold
im Glase, kristallichte Kühle, feuerverheißend.
Zwar Wintertrübnis wälzt der Strom,
doch fliegen Bienen ein im Oleanderwald,
Käfer wecken den Taublitz.
Demiurgenfrühstück auf dem Dach der Welt:
Türkisch' Mokka, Brot und Speck. Auch
die Zigarre liegt bereit. Womit erklärt
Band siebzehn meiner ungeschrieb'nen Werke,
Das niemals vertagte Leben.

Ja, klatsch nur das Blaue vom Himmel herab,
gekröntes Vieh, blabberdiklabber, mit Klaue
und Schweif. Lappenheraldik.
»Fahnen sind sichtbar gemachter Wind.«
Düüüt! von der Roten Brücke.
Im Torturm gefangen ein Monster grollt,
zischt, seufzt tonnenschwer. DÜÜÜÜÜÜT!!!
Wer wüddn, wer wüüüüüüüdddnnn gleich wütend
werden, ihr Herren im Blech — quer zum Strom?!
»PS — und keine Seelenstärke.«
Nur weil im Tor der Fortschritt steckt?
Der Menschheit ganzer Jammer düt mich an.

Ach, blendendes Blau, locke mich nicht!
Bin mir genug All — heut'.
Stadtschreiber, Spatzenpflegschaftsrath,
Wolkensachverständiger, Professor für
Elementargeistersprache, auch Nachtwachenmeister
dahier; was sollt' ich im Himmel?
. . . und Erde werden vergehen.
»Ein Wasserburg ist dise gantze Welt.«
Die Sonn keen Stund zeigt an
da ma nit sterben kann.
Wie werd' ich meinen Tod bestehen? Und wie vor mir?

In die Pfeiler rauscht der Strom, drängt
in Strudeln fort.
. . . fließen von rechts zur Donau hin.
Gewiß, Herr Oberlehrer. Aber
warum so geduckt vor'm Direktor?
Schule fürs Leben? Schule der freien Sinne?
»Das Herz muß auf weit hin schlagen.«
Doch der Alte, Käppi und HabediÄhre,
bekämpft den Frühling mit Herbiziden.
Und der liebe Bub drunt im Gärtchen
ist ein Tierquäler.
Was benagst du mich mit Blicken, Weib,
getarnt im Geranienkraut?
Ein Wasserburg ist dise gantze Welt.
Grundlos im Strom die Blumen lächeln.

Saß ich nicht wie ein Prinz?
Dohlenspott.
Wohin sind die Schwalben?
Im Wildwald das Auge geistert.
Kein Halt am Prallhang.

Da, ein Reiher! Ja, fliegen, wie er!
Nicht eilfertig, entengleich,
nicht angestrengt, wie die Schwäne,
sondern beschaulich über der Stadt;
zwei drei Flügelwischer, irgendwelchen
aerodynamischen Gesetzen zur Genüge.
Denn ungewiß sind die steinernen Truhen,
die Zeilen, vom Wald überkragt.
Ein Wahrtraum wielang'
Lauben und Lichtpyramiden, Kirche und
Schloß, Stirn an Stirn, trunk'nes Getürm
inmitten atmender Farbenberge,
der Fährmann zum Blaufeld,
Schiffsreiterschatten in flüsternder Flut?

Ein Wasserburg ist dise gantze Welt.
Und nur der Reiher
streift die Zeit ab über dem Strom.

». . . Zu Wasserburg beim Stern ist man unvergleichlich bedient. Ich sitze da wie ein Prinz.«
W. A. Mozart am 23. 9. 1777 an seinen Vater in Salzburg.

»Fahnen sind sichtbar gemachter Wind.« Der erste Satz von Elias Canetti, der mich beim Blättern und Lesen in Neuerscheinungen (MASSE UND MACHT) für den Dichter einnahm. Wann immer ich Fahnen sehe, meldet sich dieser Satz.
Anders ergeht es mir mit der Parole: »Das Herz muß auf weit hin schlagen.« (DIE PROVINZ DES MENSCHEN / Aufzeichnungen 1942—1972) Wiewohl ich die Forderung zu meiner Maxime ernannte, die mir oft über eigene oder fremde Niedrigkeit hinweghalf, gelingt es mir doch immer noch zu selten, sie zu leben, vergesse ich sie. Aus der kaltlähmenden Stille, die solchem Erkennen-Müssen manchmal folgt, befreite mich bislang nie ein menschliches Wort, wohl aber Tier und Pflanze.

»PS — und keine Seelenstärke.« Ein Ausruf, den ich vor Jahren notierte, und den ich kürzlich — in anderem Wortlaut — während meines Studiums der FACKEL bei Karl Kraus wiederfand. Qualverwandtschaft.

»Ein Wasserburg ist dise gantze Welt«, predigte Jordan von Wasserburg anno 1714 »Bey gehaltner Hundert Jaehriger Kirchweyh in der Heiligen Kapellen auf dem Grieß Neben dem Inn Fluß zu Wasserburg.«

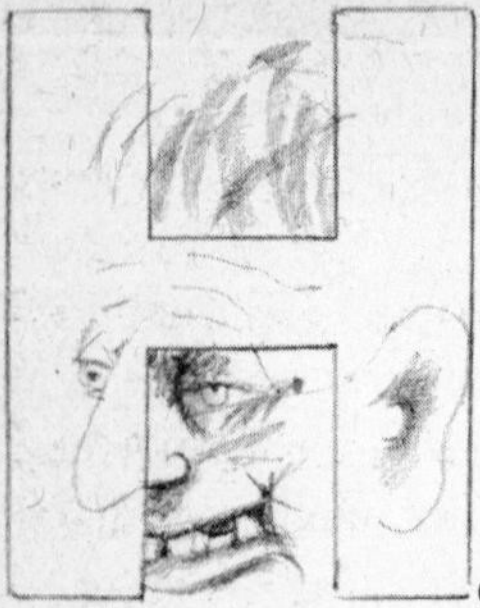

Heit in da Fruah, wiari aufgschtandn bin, hob i oan gsähng, dem hätt i glei oane schtian megn. Aba wenni zuagschlogn hätt, waar da Schpiagl higwen. Phantasie nahm's vorweg, Disziplin half regieren; wie schon so oft — und bei gefährlicheren Begegnungen. Der Krieg, den ich mir selbst erklärt', ist keinen faulen Frieden wert, reimte ich als Zwölfjähriger ins Tagebuch. In der Schule lernte ich mäßig, fürs Leben aber — Disziplin. Damit ich von anderen um so schwerer zu regieren sei. Denn Zwänge lauern, wo ich mir nicht selbst genüge. Mangelnde Selbstbeherrschung, Besitzdenken bis zur Gier ist es — »Sachzwänge« nennen sie's. Und wer sonst nichts im Kopfe hat, der muß es in den Händen haben. Wer einzig begreift, was ihm vorgesetzt wird, hat nicht die Freiheit, sich selbst in Darwins kleinem Denkmodell zu erkennen, im Gibbonäffchen, das auch nicht mehr auslassen kann, was es einmal durchs Loch der Kokusnuß ergrabschte und in seinem Fäustchen krampfhaft umschlossen festhält — bis in den Käfigkasten hinein. Nein! lernte ich knurrenden Magens sagen, nein, dafür nicht. Und dem Partyhelden, der mir grinsend ein Bündel Hunderter über den Kopf hielt und spottete: »Allez, Dichter, hopp!« spuckte ich vor die Füße. Heute reagierte ich vermutlich lässiger. Inmitten von Dienstscribenten,

die Männchen machen vor Literaturbetriebsbossen und über die Freiheit des Geistes schreiben.
Entweder — oder? Möchtest du ein Brüderchen *oder* ein Schwesterchen? — Ein Schaukelpferd!
Musik *oder* Kunsterziehung (Bayerische Schulordnungs-Alternative)? Taub *oder* blind?
Naturwissenschaft oder Geisteswissenschaft? O der Atlanten grause Wirklichkeit! »Die Kopflosen, die keine Träume haben.« Weshalb man ihnen künstliche Träume eingibt. In den Bauch, der sie sind, und aus dem heraus sie alles andere beurteilen. Alles, auch einen Kopf, der ihnen nur etwas gilt, wenn er dem Bauche zu dienen vermag.
Diese Atlanten, die Herodot in Afrika wußte und die es von dorther, wie zu sehen ist, überraschend weit gebracht haben, predigen ihren atlantischen Dünkel heute weltweit. Eines ihrer Wahrzeichen ist die Colaflasche, die auch nur einen Hals hat und aus Kästen heraus verteilt wird, wie die meisten Atlanten es sich gefallen lassen, statt in Häusern in Kästen gestapelt und vergattert zu lagern.
Logisch, ein Lieblingswort der Atlanten, logisch, daß sie, über die man am entlegendsten Strande noch stolpert, kein Ohr für Denkende haben; schon gar nicht für die Itelmenen, deren Schöpfergott »Kutga« heißt. Kutga = Der Dümmste. Weil er ansonsten die Welt besser eingerichtet hätte.
Pffff, was ein richtiger Atlant ist, kann sich da nur den Bauch halten vor Lachen. Wieso? Ist doch alles bestens?!
Ewige Pessimisten! Hab ich schon gefressen, die Kerle!
Ha-ha-ha-ha, läuft das Echo um. Und Diszipli-hi-hi-hin.
Ich hörte sie, bevor ich mich hinsetzte, das H herzusetzen.
UND Phantasie, sage ich. Denn eines ohne das andere ist zu wenig, wenngleich immer noch mehr als das, was ich

systematischer Anarchist im Hier und Heute der Realisten vorherrschen sehe: Stumpfsinn und Chaos; oder aber: zweimal Stumpfsinn, wenn wieder einmal Uniformierte Ruhe und Grabesordnung herstellen.
Bessere Zeiten? Dichter der Zukunft? Begrüßer des Morgen? — Wie stehst du da, Wort-Midas, dem alles, was er berührt, zu goldenen Worten gerinnt? Hätt' ich meinen Arco hier, er möchte gleich erschnuppert haben, ob du nicht wieder nur harntest!
Nein, einen Freudschen Versprecher mach ich euch nicht! Wie hat er gelebt, wofür und wogegen? Das sind die Fragen eines anständigen Menschen, und als *eine* Antwort habe ich nur ein winterliches Sommerblatt aufzurollen, das immer noch aktuell ist, wiewohl es bereits als Neujahrskolumne in der Münchner Abendzeitung stand:

Na, was ließe sich denn ins Zeitungsblei gießen zum Jahreswechsel? Auch mal Sterne verteilen, wie das AZ-Feuilleton? Für die Bratschensonate, op. 147 von Dimitrij Schostakowitsch (eurodisc), für die Gedächtnisausstellung »Leo von Welden« im Pavillon (Oktober), für Eva Hesses Ezra-Pound-Studie (Kindler), für Ernst Schönwieses Jiménez-Nachdichtung »Falter aus Licht« (Limes), für Fulvio Tomizzas Roman »Eine bessere Welt« (Kiepenheuer und Witsch) . . .

Tiefrote Torpedofische lösen sich vom Meeresgrund, treiben gegen den Fischhimmel, blubben ein Bläschen oder zwei und sinken wieder hinab; manche auch plumpsen zurück.

Oder eine Stachelkette aus Fragen über die schöngeistig geschminkten Frätzchen ziehen, etwa: Wie verlogen ist eine Bavarica-Produktion, wenn sie bei allen Innviertel-Feierlichkeiten bis heute keine kritisch edierte Stelzhamer-Ausgabe zustande bringt? Scheuen die rundum auftrumpfenden Leberknödelblödelreimer den Vergleich mit diesem bairischen Sprachkünstler?

Oder: Was sind das für »Kunstkenner«, die einen Beuys-Ankauf erst befürworten, wenn er die Kommune Hunderttausend kostet? Wäre von diesen vermeintlichen »Fachleuten« nicht zu fordern, daß sie den Kunstwert einer Kreation erkennen (und kaufen), bevor der Marktwert jede Verhältnismäßigkeit ad absurdum führt?

Zwei Kupferbarben spielen jetzt Fangermanndl, andere wirbeln im Tanze durch Perlenschnüre. Drei solcher Hundsrosenbeeren hättest du nicht einfüllen, sondern aufsparen sollen, sie, wie die Böhmen, in der Neujahrsnacht zu verzehren. Schweigend. Gegen Schwindel und Hirnschwund.

Nun, was war denn *das* Ereignis heuer? Doch wohl jene Delegation aus heiterem Himmel, die deine Blechterrasse überm Inn zur Traumblumenwiese verzauberte: Zitronenfalter, Fuchsschwanz, Pfauenauge, Trauermantel, Dukatenfalter. Und du, staunend inmitten, wagtest kaum zu atmen, einen Falter aus Licht in Händen. Sein Flügelpaar vibrierte im Sommerwind, als die anderen stromabwärts turbelten. Er aber blieb — das gespreitete Gedichtbuch von Jiménez.

Oder das krätzige Jungspätzchen hersetzen, das dir, Futter ertschilpend, resolut und neugierig bis in die Küche nachfederte?

Ach was, Dick, solche Sensationen sind doch zu belanglos für ein Weltblatt! Und auch die Gmünder Mohnzelten, die Zikadennacht in Lovran oder der

Tanz der sieben Marder vor deinem Schlafzimmer zählt hier nicht!
Ein besonders fetter Bauchtönnling wölbt sein schwarzes Mäulchen her. Charakteristische Zuschriften verreißen? Den miserablen Stil aus dem »Staatsinstitut für Schulpädagogik« (nach der Lehrplan-Kritik) oder den anonymen Faschistenbrief (nach der Miegel-Kolumne): »Wir danken Ihnen für die Entwürdigung großer deutscher Frauen!« Aber wen interessiert denn das noch? Bringt doch nicht einmal die Zerstörung unserer Ozonschicht das Volk aus der Ruhe, aus dem Spray-Dösen! Und Aktualitäten gibt's vor allem deshalb, weil die Menschen so vergeßlich sind. Nein, dann lieber gleich eine Feiertagsauskehr wie weiland Jordan von Wasserburg:
Liebä Freßtgäste! Koa Zweife, 1979 is dees »bedeutendste« Johr gwen — nach 1978! Bedeutend pfuideiffe, wemma si frogn hot miassn, warum sis dKirch need verbetn hot, daß a machtgeila C!SU-Politika foisch Zeignis oblegt wida seine Übanextn und dSPD ois Quasi-Nachfolge-Organisation von da NSDAP gschichtsklittert?
Bedeutend pfuideiffe aa dees drucksate »Kambodscha, so-so« von insane ehemalign Vietnam-Sympathisantn. Oda de christlich-boarische Menschnrechtspolitik an da tschechischn Grenz!
Bedeutend pfuideiffe und bedeutend lächerlich aa, dees Johr 79, wemma z. B. an de Fragezeichn denkt, de wo da Computer von Harrisburg insane beherrschsüchtign Technokrattler in de gor nimma so weißn Kittl aufs Papier gschpuckt hot!
Jetzt, beim schräg einfallenden Sonnenlicht, lockt es mich, das Amphorenfeld zu überschwimmen. Gleich dürften Schiffsrippen ragen aus dem walmenden Sud vor mir. Schatzkisten? Oder ein Angriff von Haien? Welche Abenteuer bei einem Kilo Zukker, fünf Wacholderbeeren, zehn Liter Wasser und drei Pfund Hagebutten in einem Ballon aus Glas!
Nichts ist drinnen, nichts ist draußen; denn was innen, das ist außen. Für einen Phantasielosen freilich ist gar nichts drin. Noch draußen. Für ihn, wie für meine Kugelflasche gilt: »Gott hat die Welt aus dem Nichts geschaffen. Das Nichts scheint durch.«
»Spekulier! Spekulier!« Die Weltformel auf dem Tisch? Die Menschenweltformel zumindest, wenn ich sie so anblicke, die bauchdominante Flasche mit dem viel zu kleinen Kopf voller Wasser, dem Gär-Aufsatz.
Jetzt hab ich's: einen Gär-Aufsatz schreiben! Zum Gebuttstag 1980. »Mein Hagebutt. Versuch einer Gärontologie«. Denn

morgen wird's kaum anders sein: Blablablasen steigen auf. Die drunten wollen hinauf. Und je mehr droben angelangt sind mittels Blasen, die sich ein Weilchen bei ihnen festsetzen — desto trüber wird's im Rund.

Doch es kommt der Tag — und zwar 1980! — da werden alle gleich und oben sein. Diese demokratischen Verhältnisse sind sogar Voraussetzung für die keineswegs elitäre Kunst, Buttenwein zu destillieren. Den fülle ich dann ab. Schon bilden ... Ja Bildung, geld! Schon bilden Abschaum und Oberschicht eine übelriechende Einheit. Es kann sich nur noch um Wochen handeln — ja, Handel und Wandel, geld? — dann ist auch das letzte Schlafrosenfrüchtchen aufgestiegen. Emporgekömmlingt in den gär, pardon, gar seelig machenden Flaschenhimmel.

Sag mir, wo die Butten sind? Ich glaube, ich blicke jetzt nicht mehr ganz durch. Die aufkommende Langeweile mag da mitspielen. Aber so ist es: Die schönsten Anschauungen, sogar Gedanken — und am Ende sieht jeder doch nur sich selbst. Starrt auf sein fischlippiges, buttenäugiges Ebenbild im Glas — und hält's für Reflexionen 79/80.

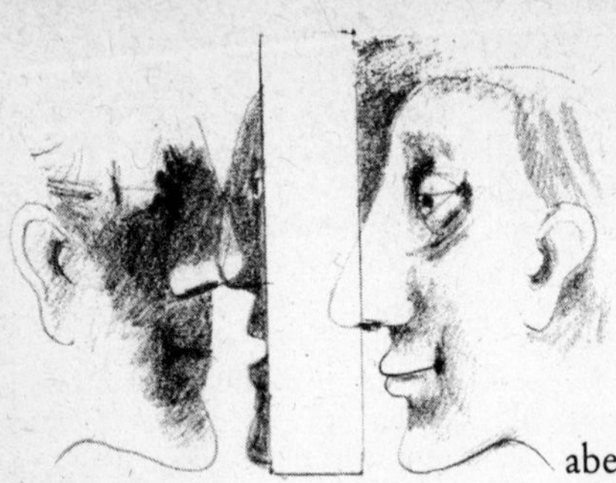

aber, das bairische Ich, das englische I/Eye (Eyekulation in spermanenz), das Ich, das sich — laut Fichte — selber setzt (und gerade dann am meisten pflanzt), dieses Ich, sag' ich, braucht hier nun wirklich nicht Wort zu haben. Denn es gibt andere und wichtigere. Buchstaben, meine ich, für die und in denen ich mich selber setzte. Und sei's auch nur an die Schreibmaschine.

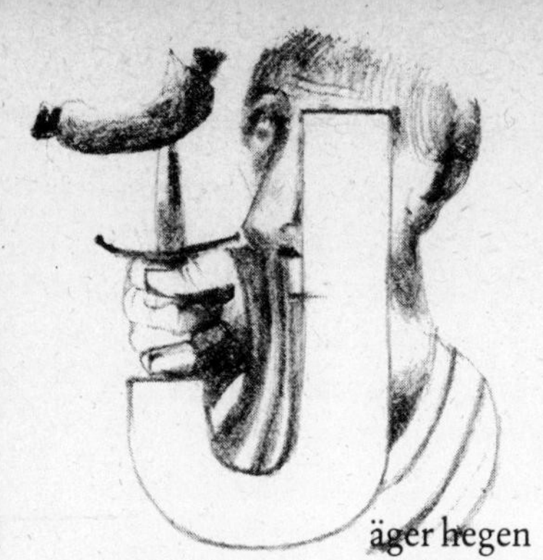

äger hegen Abschußgedanken. Natürlich gibt es solche und solche. Ein solcher ist der Opa. Hätte die Schwiegertochter von dem Fleisch gegessen, das er ihr etliche Tage nach einem familiären Wortgefecht in die Küche trug, mit dem Anraten, es möglichst bald zu bereiten, nennte sie ihn heute nicht mehr Opa. Statt dessen warf sie den grauen, breiigen Fleischbatzen angewidert in die Mülltonne. Und der Opa geht weiterhin um — mit Jagdschein und Waffe.

Doch kann ihn, was ich hier erzähle, kaum treffen. Denn der Gewehrsmann liest — ungeschlachte Zeitungsbrocken ausgenommen — nichts anderes als Fährten und Spuren. Blutspuren, wenn er den Bock, den er anschoß — Ja mei, die Augen lassen halt nach! — wenn er das Reh, das er gerade noch traf, anderntags suchen muß. Liegt Schnee, gelingt das waidlich. Aber sommers ist die Natur gegen ihn. Dann müssen schon die Bauern mithelfen: Opa, draußd am Groom liegt a Bock, hoin ob! — Opa, iatz hob e dees Räh, dees wosD seit drei Tog suachst; schaug, daßDas weida bringst!

So hallt es nach dem Büchsenknall über die Fluren — oder aus dem Telefon. Doch keine Frage, der Opa bringt es allemal weiter, das Rehzeug. Zuhause liegen die Felle und stinken. Freilich so, wie es dem Opa stinkt, weil ihm die

Schwiegertochter ins Waidwerk pfuscht, diese Matz, so stinkt gewiß nichts in der Welt des Jägers. Überspannte Person, die! Was hat es ihr übel zu werden, wenn er am Eßtisch hockt, blutverschmiert, ungewaschen?
Oder bloß, weil Blut an Schubladen, Lichtschaltern und Wänden des Hauses klebt? Soll doch putzen, anstatt zu schnabeln! Und zwar möglichst so putzen, daß er nicht zuschauen muß. Das bringt ihn nämlich erst recht in Rage: wer mag die Wahrheit schon kübelweise, bluadsakramentnoamoi! Weiberkrieg, elendiger! Und dann schleicht sie neulich auch noch zu den Bauersleuten, ein Stück Wild zurückzufordern, das er so gut weitergebracht hatte: saubere Verwandtschaft! Sicher, besonders frisch war der Schlegel nicht mehr. Als er den Bock fand, hatten ihm andere Viecherl schon die Augen herausgefressen. Trotzdem, a bißl ograwalat is aba no lang need glei schlecht! Nein, da kennt er sich aus. Oder ist je einer gestorben? Bis heute nicht. Hysterische Zuchtl! Und ihn alten Mann auch noch bei den Jägern madig machen; wem tät es da nicht stinken?!
Ja und dann die Polemik mit dem neuen Kühlschrank, nur, weil der alte dees ganze Glump nimma dazogn hot. Da konnte es schon mal passieren, daß ein paar angefrorene Fleischstücke abtauten und die Blutsoße herausrann. Ist doch leicht weggewischt. Muß da viel geredet werden? Aber sie *will* halt streiten, die ungute Person, das ist es. Und's Geld zum Fenster hinauswerfen.
Kein Wort davon, daß sie den neuen Kühlschrank mit in die Ehe gebracht und ihm den Kasten, weil er ohnehin ungenutzt im Keller gestanden hatte, schenkte: als Ersatz für das gestinkerte, blutverpappte, haarverklebte Monstrum, das sie endlich aus dem Hause haben wollte.

Also ist Krieg jetzt, und die Schwiegertochter sperrt ihre eigene Kühltruhe ab, denn wer weiß, vielleicht möchte er ihr noch einmal Rehfleisch schenken.
Der Herr des Hauses? Er winkt ab. Jedes Wort sei da vertan. Und Opas Rehschlegel werden gleich gar nicht angeschnitten. Polizei? — Wer wird schon den Vater hinhängen? Überdies essen die Polizisten auch vom Wild des Opa; wer nicht?
So ist das nun einmal im Dorf. Und früher wird's kaum anders gewesen sein; nur, daß der Opa damals noch nicht der Opa sondern Ortsgruppenleiter gewesen ist — und besser traf als heut'. Bei der Jagd, versteht sich.

Kleegeigenlandler

(Für Josef Schönecker, Taufkirchen an der Pram)

Einen sah ich,
der schritt übers Feld
und spielte
die Kleegeige.

Da stieg die Lerche auf
und sang ins Siegesblau,
und Schwalben schrieben
in die Luft, was Leben sei.

Drunten
sagte einer
von den jungen modernen
Lehrern, die alten Zeiten
seien unwiederbringlich
hinüber.

Der pensionierte
»Herr Direktor«,
mit uns auf dem Dachboden
des Schulhauses,
legte liebevoll
die Kleegeige schlafen.

Aus seinem Gesicht lachte
eine Klasse Lausbuben.

Lodenfreygermanen. Ein Briefwechsel. Auch das ist Sauwaldwirklichkeit. In Zukunft werde ich mich aber hüten, jemanden öffentlich einen Schiesser-Adonis oder eine Bleyle-Aphrodite zu heißen, auch sonst kein Valium-Lächeln benennen oder gar eine VW-Lätschen herausfordern.

Loden-Frey Verkaufshaus K. G.

8 MÜNCHEN 2 · MAFFEISTRASSE 7-9

Geschäftsleitung

Herrn Uwe Dick
8000 München

München, 12. 05. 78 – 13/LM/we

Ihre Vorlesung in der Buchhandlung Boll-Schmid im April 1978

Sehr geehrter Herr Dick,

dem »Geheimtip«-Artikel im Münchner Stadtanzeiger
vom 28. 04. 78 (Fotokopie zu Ihrer Kenntnis anliegend)
entnehmen wir Ihre Auslassungen über die Bayern unter
Verwendung unseres Firmennamens in einer unser
Haus diskriminierenden Form.
Was veranlaßte Sie denn zu dieser beleidigenden Äußerung, die noch dazu veröffentlicht wurde, so daß wir
uns gerichtliche Schritte vorbehalten müssen.
Wir sind mit Ihnen einer Meinung über ein abträgiges
»Bayerngetue«, aber scheinbar kennen Sie unsere Firma,
die seit 135 Jahren besteht, überhaupt nicht und wissen
auch nicht, daß unser Warensortiment nur zum Teil
Trachtenbekleidung beinhaltet, während der überwiegende
Teil hochmodisch ist.
Damit Sie Gelegenheit haben, Ihr abwertendes Urteil
über uns zu revidieren, laden wir Sie höflichst ein, unser
Haus zu besuchen.
Bitte wenden Sie sich an Herrn Armin Huber – Abteilungsleiter der so geschmähten Loden- und Trachtenabteilung –
der Sie dann gerne durchs Haus führen wird.
Telefonische Terminvereinbarung unter 22 18 41 (bitte
Nebenstelle 71 verlangen) würden wir anraten.
Wir hören oder lesen gerne wieder von Ihnen und zeichnen
trotz allem

mit freundlichen Grüßen

LODEN-FREY
Verkaufshaus KG
Geschäftsleitung

Sehr geehrter Herr 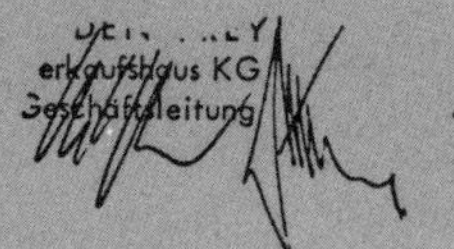

!

Verspätet erreicht mich Ihr umgeleiteter Werbebrief vom 12 . 5 . 78 , der mich zum Besuch Ihres Verkaufshauses einlädt . Dankend – meine Familie zählt seit vielen Jahren zu den Kunden von Loden-Frey ! – antworte ich mit der Gegeneinladung zum Besuch meines Unternehmens : offensichtlich kennen Sie meine Produktionen nicht ; ansonsten wüßten Sie , daß ich Ernsthafteres zu tun habe , als Textilien zu "schmähen" – oder Kaufhäuser . Abgesehen davon , daß man bestenfalls Menschen "beleidigen" kann , kaum aber Kleider , die zwar Leute , jedoch nicht juristische Personen machen , ist meine Kreation "Loden-Frey-Germanen" (zumal im Kontext , der dem Zeitungsbericht fehlt) nicht im Geringsten eine "Diskriminierung" Ihres Hauses , sondern – das Gewicht des Wortes liegt auf "Germanen" und assoziiert für Halbwegs-Gebildete etwas ganz anderes (z.B. Völkisch-Rassisches) – eine leicht ironische Charakterisierung von Zeitgenossen , die , gut und bairisch betucht , dem Wahne leben , sie seien bereits , was sie zur Schau tragen : boarisch .

So viel in Kürze . Hoffend , mit dieser Klärung Ihr Selbstbewußtsein wiederhergestellt zu haben , brauch' ich nur noch meine Telefonnummer (08034 / 21 47) zu nennen , über die Ihnen eine Voranmeldung zum Besuch meiner Werkstätten und Verkaufsabteilungen ermöglicht werden kann .

Freundlich grüßt Uwe Dick

Uwe Dick

8204 Brannenburg am Inn
Thannbachstraße 4

12 . Juni 1978

PS : "Wir hören oder lesen gerne wieder von Ihnen" – schreiben Sie : und stützen sich dabei auf den Artikel des "Münchner Stadtanzeigers" . Den aber habe ich doch gar nicht verfaßt ! Also erlaube ich mir , Ihren Satz zu korrigieren : "Wir hören oder lesen gerne wieder <u>über</u> Sie !" Das freilich – nicht Loden-freylich – klingt jetzt noch unglaubwürdiger . Aber genaues Schreiben ist nun einmal eine gute Vorschulung für genaues Lesen ; insbesondere von Literatur aus meinem Hause , die eine mehr als 3000jährige Tradition hat .

edved, einem Freunde

1
Die Kielspur wandert fort vom Weg des Schiffes
auf einem Meer, das eins ist mit dem Himmel.
Karstweiße Ferne. Nicht auszumachen, ob Gewölk,
ob Stein.
Klippab Terrassen bröckeln.
Wermut walmt
im Atemwechsel mit Kamille und Salbei.

Ein schöner Tod, so zu verlöschen in Arkadien,
Blaustern dem Auge, Ohnhorn und Mäusedorn.
Und vor der Stille meilentief,
das Leuchten nie geschauter Blumen,
Das Rhythmenmosaik von Schmetterlingen,
wenn sie der Brummflug eines Käfers, der Hummel
Honigbaß,
aus ihrer Blütenandacht schreckt
oder ein Windhauch in den Äther wirbelt.

Ein schöner Tod, fürwahr, wohlüberdacht
im Nußbaumschatten, der Sichel anzuhängen,
die aus dem Disteldickicht steigt, indes Gestein
zerspringt.
Zikaden, hitze-irr. Gesirr. Geflirr.
Geschwirr von   was weiß ich
es sinkt das Lid

2
Gedanken, wie Heupferdchen,
schnellen fort.
In kühnem Satz
dem Firmament entgegen.
Und landen dann doch
bei Blume und Halm.
Wieder und wieder und
dennoch
jedesmal:
welch ein Abenteuer!

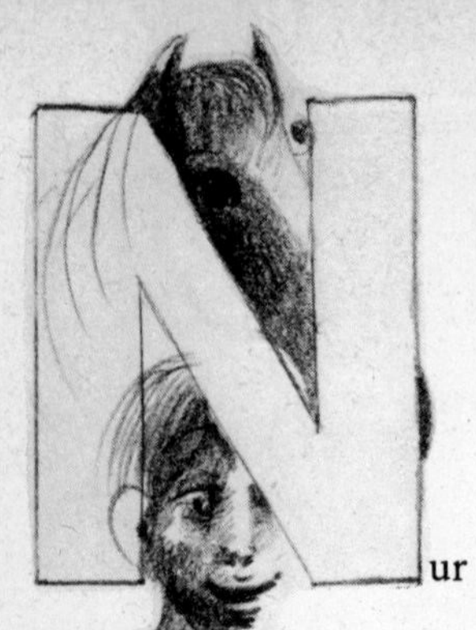

Nur wer denkt, irrt.

Daher die meisten niemals irren.

O wie ging das rasch. Das N. Einer mag geirrt haben, ich handle unter N das Namen-saan-Schicksal ab. Gedacht! Obschon ich manchen Tags objektivsinnig darüber grüble, welche verborgene Macht es ist, die Namen und Fakten ordnet. Gibt es nicht zu denken, wenn man zu allen Namensspielen in diesem Sauwald erfährt, daß der Mann, der jüngst von einem Waschbären gebissen worden ist, Bär heißt?
Warum hieß der Entdecker des Bacillus Syphilicus ausgerechnet Dr. Siegismund Lustgarten?
War Hitlers Großvater nicht ein geborener Hammerling? Man lese nur, um sicher zu gehen, den offenen Brief an »Herrn Landtagsabgeordneten Pater Bauchinger« (Fackel Nr. 170)! Dann wird man nicht so erstaunt dreinblicken, wie der Bürgermeister Stauninger zu Braunau am Inn, als er über seinen ungeheuren Ruhm, den bis zum Boden wallenden Bart, zu Tode stürzte. Zufall?
Wie soll man das Philosophieren lassen, wenn man, wie ich, am 10. 6. 1977 unter den Toren des Freimaurermuseums Rosenau (Waldviertel) stand? Ein Transparent hing ausgerollt: WIR GRÜSSEN UNSEREN BISCHOF! — Kaum gelesen, und schon angehupt. Ein Lieferwagen zwang mich zur Seite: SINNHUBER KUNDENDIENST.
So bin ich unter O aufs N zurückgekommen und zu Dem in Eisenbirn. Selbertinger indes feierte diese elliptische Wendung als Bestätigung des allobwaltenden Bumeranggesetzes. Wie aber strahlte er, wenn ich ihm erklären könnte, daß der Bumerang keine australische Spezial-

Erfindung ist, sondern auch schon bei den Galliern flog, die wiederum nichts anderes sind, als keltische Westbaiern — mit einer Revolution 84 Jahre *nach* der Bayerischen! Selbertinger lüde mich wohl zu einem Saurüsselessen ein in dieser Silvesternacht, in der ich lieber hier sitze, punschlos glücklich, weitere Bumerangsätze in den orbis pictus loszuschicken, Sentenzen, die auf O beginnen und o wie oft mit Nullsätzen verwechselt werden. Denn wenn ein O vereinzelt steht, liest's mancher als Null. Wo aber zwei Nullen beieinander stehen, kann man sich denken, was dabei herauskommt. So gesehen, ist jeder einzelne eine *verschwindende* Minderheit, und bei der allgemeinen Nullität zählt einzig der Stellenwert Komma sich denken; eine Art Links-oder-Rechts-Kommanismus. Umgibt sich gern mit Nullen, weil er sie mühelos durchschaut. Das sollte sich vorstellen, wer irgendwo sich vorzustellen hat. Man sieht: Der Bumerang, wenn er nichts Festes trifft, schreibt eine große Ellipse in die Luft. Mir indessen sind die vielen Nullen Luft, deren jede als Gesichtskreis anzusprechen wäre, obzwar sie oft keinen hat. So darf auch ein Politiker, soll die Menge in ihm sich wiedererkennen, nicht zu viel Profil zeigen. Deshalb die meisten Volksvertreter bereits im Wahlkreis ihr Gesicht verlieren, was wiederum zur Folge hat, daß unsereins nur stummresigniert mit den Achseln zuckt, wenn vom Kreis- oder sonst einem Ausschuß die Rede ist. Oder von einem der staatserhaltenden Dichter, deren Gesichtskreis ein Biafuizlaphorismus so ins Bild setzt: ALürika, dem wo a Tomatn ins Fensta leicht, und ea schaugts fiaran Sonnaaufgang o.

Objektiv, nicht wahr? Der Kreis schließt sich. Bei der Rüsselscheibe des Ebergottes und seinen zwei oo darin-

nen, wir haben die all- und gemein vorherrschende Kreisläufigkeit ontogenetisch so weit verfolgt, wie manch einer subjektiv nicht finden mag: zum ontologischen Zirkelschluß: O Ollegorie oller Ontologen!
Viele kenn' ich, die leben jahrzehntelang pervers. Aus Angst vor ihrer Sexualität. Es fehlt eben oft oben *und* unten. Ich kann in der Sprache alles beweisen. Nur glauben darf ich's nicht. — Und blättert man jetzt zurück und liest unter A, also bei B: Wenn's hoch kommt, schaffen sie ein Löcheln — dann ist der Logik ZirkulArie leicht verrückt, weil nämlich A und Ö keinesfalls mit A und O verwechselt werden sollte. Nicht jedes Loch löchelt uns an (Näheres hierzu unter Moloch im ÖD).
Das meiste auf dieser Welt, deren Äquatorialgürtel ebenfalls als ein riesiges gedachtes O zu sehen ist (daher die O-Welt-Lyrik noch lange nicht ausgestanden sein dürfte), das meiste auf dieser Erde, die manche nur als einen an den Polen abgeplatteten Knödel anzuschauen wissen, der ihnen, soll er etwas wert sein, möglichst viele kleinere Brudertrabanten in die innere Leere zu rollen hat, das meiste auf diesem Globus (Zyniker sprechen's mit K und auch für die Studenten, die man heute so hört, läuft das Ganze entweder auf Scheiße oder auf Dufte hinaus) führt, glaubt man den Geräuschen o-förmiger Flaschenöffnungen, führt doch zu nichts als nur im Kreise. Und, wer weiß, ob nicht Archimedes ähnliches im Sinn hatte, als er sich mit seinem berühmt gewordenen Satze — Stört mir meine Kreise nicht! — tödlich verrechnete?! — Vielleicht träumte er Speckknödel, Germknödel, Grammetknödel, Marillenknödel, wie ich sie jedesmal im »Goldenen Stern« so vollendet finde? / Wo? / Im Goldenen Stern. / Jadoch, aber wo ist der? / Zu Ried — im Innkreis.

Politik? Jawohl. Denn unsere Demokratie soll transparenter werden. Darum Prosa. Von Politik verstehe ich so wenig, wie die meisten Politiker. Sollte mir eines Tages nichts mehr einfallen, dürfte ich ihr Mann sein. Ein gemachter Mann: nichts mehr zu machen. Vorerst aber ist's noch nicht so weit. Vorerst singe ich die Internationale der Selbstbefreiung. Ja, ich lebe sie vor. Denn lächerlich ist die Ausrede, unsere »gesellschaftlichen Bedingungen« ließen Selbstverwirklichung nicht zu. Glatt widerlebt! Für Denkfaulheit, mangelnde Zivilcourage oder Käuflichkeit ist nämlich niemand anders verantwortlich als der Betreffende selbst. Und was sollte das schon für eine Lebenskunst sein, wäre das Leben nicht vertrackt?
Nun, im Cantus firmus für Solisten mit Pferdefuß habe ich genug dargetan, daß man aufs Leben keineswegs verzichten muß, wenn man, wie ich, nicht einmal das bekommt, was man verdient. Auch in diesem Wasserburger Atombarock gegen jedweden Ichs Zertrümmerung, in dieser Parabasenprosa — ich werbe ja für keine andere Hoheit als für die Baumkrone! — schlägt genug Leben zu Buche; mehr, als den Frankfurter Messdienern recht sein kann, die jeden Herbst anbieten und selten geben. Knauser! Obwohl doch schon Antef (Periode des I. Sesostris, XII. Dynastie: Hunderttausende stürmen altägyptische Aus-

stellungen, so darf ich hier alles Nähere als bekannt voraussetzen) Großzügigkeit anriet: Gib dem Hungrigen Brot und dem Durstigen Bier.

Mit 13 anderen Worten: Ich geize nicht und reiche gern so viel, daß noch etwas übrig bleibt. — Aber genau das ist es, was sie gegen mich haben, die Kennerchens und Nennerchens. Es ist *zu viel*, was ich ihnen zumute (nämlich Denken)! Ganz gleich, ob Prosa, Lyrik, Szene, oder wie sonst sie's schubladisieren, 's ist ihnen zu viel:

Pro Gedichtzeile ein Einfall? Welch überholtes Kriterium! Man darf heute schon zufrieden sein, einen Einfall pro Gedicht zu entdecken. Jüngst aber trat der Mann aus der Wirtschaft uns an, der seine Texte so konsequent durchrationalisiert, daß er mit zwei drei Einfällen pro Gedichtband auskommt.

Ökonomie nennt man's — und der Erfolg läßt nicht auf sich warten: Leute, die sich bislang nie mit Literaria beschäftigt hatten, bekundeten enthusiastisch, jetzt endlich auch einmal Erfolgserlebnisse und kaum noch Schwierigkeiten mit modernen Gedichten zu haben; von zwei drei Ausnahmen — jene riskierten Einfälle! — einmal abgesehen.

Bestärkt mich in meinem Programm! kommentiert der Gedichtemacher pr.-gewandt. Den Vorschlag seines Buchkonzernleiters, die Entwicklung zum demokratischen, d. i. jedermann verständlichen Gedichtbuch, in einer Serie ohne störenden Einfall freien Lauf zu lassen, lehnte der Wirtschaftspoet ab: Und wenn es mich zwei drei Leser kostet — irgend etwas sollte ja nun doch noch unterm Strich bleiben: das Höhere, Sie verstehen?!

Spielend, mit einem halben der 2500 Hirnrindenzellchen, die nach Sir John Eccles in einem »Modul« zusammenge-

schaltet und zu einem fünfzigdimensionalen Netz von vier Millionen Modulen verbunden sind, versteh ich den Wirtschaftspoeten als einen Mann von besten Verbindungen, wenngleich nicht so sehr von gedanklichen. Er hatte die Masche heraus. So weit, bis er durch sie hindurchfiel. Mein Modul 0/8/15 modulierte das schon vor Jahren. Woraus erhellt, warum ich mit der zeitgenössischen Literatur nicht das geringste zu tun habe. Oder schrieb ich auch nur eines der Bücher meiner Kollegen? — Na also! Zum Philosophieren war mir ein zweites Menschengesicht von jeher behilflicher als eine weiße Wand oder eine Seite Papier. Wie denn auch das meiste, was ich hier in Buchstaben fasse, meine Freunde längst vernommen haben. Im Privatgespräch, das mir (gewiß nicht immer meinen Partnern) über alle Literatur geht. Warum ich dennoch schreibe? U. a., weil ich »häufig am Teetische erlebte, wenn ich Gedanken, die ich nach dem Aussprechen und Gebären mißgestaltet fand, vor den Zuhörern zurücknahm und ihnen verbessert wiedergab: da hatte gar kein Mensch den mißgeschaffnen Gedanken wahrgenommen als ich. —«
Darum korrigiere ich mich fortan schriftlich. Geht meinen Freunden jetzt ein Licht auf? Ja? Erfreulich. Dann stünde endlich wieder der *Komet* am Lesehimmel und überdeckte die heutigen Kurzbrenner, die mir Schnuppe sind, *weil* sie so viel zu wünschen übrig lassen. Weit mehr, als nur das Bild des Gebärens am Teetische — oder mein Gebaren an einem solchen, wenn ich aus meinem Halbschlafe voller Photismen und Hirnschalenmusiken auffahre.
Ui, ui, ui, was richte ich da oft an! Man bewirtet mich gratis und erwartet im Gegenzug lediglich, daß ich gesellig *und* geistreich sei. Doch zur geistigen Forderung gehört

mindestens ein Zweiter, der aber selten auszumachen ist in so einer Teetischrunde. So entscheide ich mich für die geistige Geselligkeit mit mir — und schlafe, gutmütig und diszipliniert wie ich bin, offenen Auges vor mich hin. Plötzlich aber — die anderen sprachen unterdies fort — weckt mich Applaus. (Man weiß ja: Uwe Dicks Welt als Wille zur Vorstellung.) Vor mir — der Tisch. Aber wo sind die Manuskripte? Wieder beiseite gefegt? Verflixtes Temperament! — Also erst einmal ein Handzeichen. Damit das Geklatsche verstumme. *So* gut war ich ja nun wirklich nicht. Habt mich wohl wieder mal zu schnell verstanden?! Was geht's mich an: L'loyds Intelligence Service. Aha, die Runde horcht auf. 'türken und kein Manus'. Ruhig bleiben, Dick, ganz ruhig! Zeit und Stille arbeiten für dich. Was du jetzt sagen wirst, hat Chance. Der letzte Satz, er bleibt oft hängen. Nicht ganz, aber immerhin. Nur zu. Und keinen Kalauer oder 'n billiges Wortspiel. Wär' schade, vielleicht sogar peinlich. Die haben Feuilleton genug. Anderseits soll's auch nicht etwas zu Hochgestochenes sein. Na los! Hast genug Einfälle. Nennst sie manchmal deine Hunnen. Von Kunst und Bildung klapperten die Teetassen. Noch eine Schale Tee? Danke, nein, keine schale Teestunde mehr! Irgendwer sprach von Neuer Anschaulichkeit. Und vom aufkommenden Mut zur Innerlichkeit. Träges Hirn, was nun? Damen kommen und reden so / daher von Michelangelo. Nein, 'sja von Eliot. T.S. Und außerdem darfst du die Damen nicht verprellen. Hm, Damen. Das Nachtgebet des Junggesellen, / das endet in den meisten Fällen / mit einem D vor Amen. Stuß. Unmöglich hier, wo alles versammelt, was Drang und Damen . . . Dämliches Zeug. Zeugen. Als sie nackt vor ihm stand, kam sie ihm so bekannt vor, daß er sie auf der Stelle vergaß. Grüne Neune, die Leute werden unruhig. Nun aber schnell, Dick. Zwei, drei Sekunden noch, dann muß es raus sein. Wofür hat man dich eingeladen? Füßescharren. Die Bürger haben Angst vor meinen Träumen; besonders die mit schönen Frauen. Ach, was — dann meinen die Männer wieder ... Hirn, verdammtes. Hüsteln. Blockade? Gerade der Abgang ist wichtig. Abgang. Gebären. Schwangerschaftsmythologie. Ich als Frau. Ich als Mutter. Mutation. Kinder — geld? Und Zuchtprämien. Wahrlich, Vater Staat macht keine Unterschiede. Schiet. Schittndöch. Schied aus dem Leben. Leem und Leem lassen. Aus Erde schuf er ihn. Aus Baaz. Drum so vui Baazi umanand. Um Gottes willen, jetzt nur nicht in die Mundart rutschen. Ist denen zu provinziell. Bessere Gesellschaft. Bildung durchblitzen lassen. Quod licet Bovist oder so. A—A— Aus! Vorbei. Aufbruch. Distanzierte Grüße. Matte Sache heute. Nicht mal 'ne Schlußpointe. War früher witziger, der Dick. An was arbeiten Sie gerade? / An mir. / Sind Sie mit dem Umweltminister Dick verwandt? / Ha-ha-ha! Auf euern Witz kann ich hundertprozentig verzichten. Gebt mir lieber 'nen fünfzigprozentigen Schlibowitz! Danke. Nun wird mir schon wohler. Grod foit ma ei, daß i aa wer bin! Und auf eiern Backerlbutta, eire synthetische Marmalad samt gfarbte Wurschtradl brauchts eich gornix eibuidn. Buchweiznschmarrn is ma liaba. Oder ein ungespritzter Apfel. No an Schliwo, bittschen! So is recht. Euch werd ich's zeigen, dekadente Gsellschaft, vollklimatisierte! Orbiter sum, non podex. Oskar, do her! Sauf Di a! / Sauf her auf mi! / Es guit Dei Woih! / Wia aa dees Dei! / Soist leem, Du Hund! / Soist scho glei leem aa bereits!

Oskar, bittschen, no oan drauf!
De Sonn, de wo beim Tag scheint, wos ohnedem scho hell is, dees is bereits gar nix. Aber der Mond, der in der Nacht scheint, wos finster is und olle Leit schlaffn, olle Achtung!

So, hama dees a wieda, daat da Öd sogn. Zwar kann ich nicht dem Xaver Harakiri nach »ins Exil abdampfen« (WoaßD, i fahr scho deswegn so gern ins Ausland, weil i dann den Schmarrn nimma vaschtäh, den wo dLeit überoi vazapfn), aber in meinen Sauwald spring ich aus dem Stand.
Wenn ich schon kein Geld habe, möchte ich wenigstens gut leben. Ein Baum hat mir noch nie die Sicht verstellt. Wohl aber, unwohl vielmehr, mancher Berufsgrüßer. ßGott, HabediÄhre, Tach!
Rechtwinkelig an Leib und Seele, geschneuzt, gekammpelt, aufgeräumt bis in die Unterhose, stelzen, watscheln, kinderwagenschieben sie daher und gaffen — — — in die Vorgärten, zu den Fenstern hinauf . . .
Pfuiteufel, nichts schäbiger, als diese ritualisierte Schnüffelei, nichts erbärmlicher, als diese indiskreten Augen bei korrekt angelegten Ohren am Tag des Herrn Piefke.
Schade, daß

Quidam (= ein gewisser Jemand), dem die Erschaffung der Welt nachgesagt wird, offenkundig kein Gewerkschaftler gewesen ist. Es wäre mir, sag ich quotidian, manches erspart geblieben, hätte sich Quidam streng an die Fünftagewoche gehalten — und damit basta. So aber sehe ich mich — ßGott, HabediÄhre, Tach! — gezwungen zu

Reden. Und es heißt parieren, will man nicht als verquerer Sonderling, als Znifiga oder verdächtiges Individuum dastehen, in einer Acht des Rufmords, in die man sich als Lebenskünstler besser gar nicht erst hineinschweigt.

Redn muaß ma mit de Leit. Ja, ma muaß! Und je weniger man dabei sagt, desto besser klappt's mit der Kommunikation in diesen mediatisierten Zeiten. An meinen Reden sollt ihr mich verkennen! Und in der Tat, fast so etwas, wie Popularität, seit ich, der eher Schüchterne, Leutscheue, die täglichen Herausforderungen Quidams spielerisch annehme — während meiner Rezitationsreisen sogar kühn suche, wie auch der Mistkäfer gelegentlich in einen Ameisenbau vordringt, sich von den gestörten Fleißarbeitern die lästigen Milben fortätzen zu lassen. Rede sich, wer kann. Sogar die Shitraucher unter den Arkaden des Wasserburger Marienplatzes verehren mich als »unheimlich spontan«: seit ich eines ihrer Hotpennerchens, das mich »NaKleiner?« ankeckte, augenblicklich unter der Zwikkelrose faßte, in die zierlichste Grätsche zwang, um über der verblüfft Hockenden strammzustehen, zu salutieren, die Armflügel zu werfen und meinen berühmten Hahnenschrei ins Kleinstadtgewurl zu schicken, jenes Kikerikiii aus dem Cantus firmus, das beinahe ein Mikrophon des Bayerischen Rundfunks zerrissen hätte. Gewöhnlich = meistens aber komme ich mit sparsameren Mitteln aus, etwa so:
Was sogstn zum Chomeni? / Komm e nie zum Zeitunglesen.

Oder: Ihre Meinung zu Polen würde mich interessieren?! / (Anerkennenden Tones:) Doch! (Gespielte Denkpause, dann noch einmal bekräftigend:) Doch!

Oder: HamS Ihnen den neuen Papst schon angeschaut? / Nein. / Der hat ein Charisma, sag ich Ihnen! / So? Um so besser, denn in meine neue Sauwaldprosa kommt er eh hinein! / Warum? / Schon vom Motiv her. / Was? Wieso? / Erstens einmal, weil ich schon lange vor dem Papst in Altötting war — es liegt ja auf der Strecke zwischen Wasserburg und Sauwald — zweitens, nächtigte der Papst, wenn man Reportern glauben darf, im Kammerl des klösterlichen Schweinehirten, drittens, ließen ihm die Wittelsbacher eine Wildsau hinfahren, zum Abendessen, und viertens, wenn's nicht wahr ist, dürfenS mich in einen Sautrog legen, habe ich nun eine Frage an Sie! / (Verstört:) Ija, ä, bitte? / *Was* ist höher als der Himmel? / ? — ??? / Die Kirchentür. / ? / Weil's mit dem Himmel aus- und eingehen! Nichtwahr, Reden sind ein Charisma? Gott zum Gruß!

Zugegeben, der letzte Dialog dürfte meinem Gegenüber nicht ganz so viel Spaß bereitet haben, wie mir. Dabei sprach ich das gewichtigste Saumotiv, den Herdentrieb, noch nicht einmal aus; obzwar gerade mein Sauwald gegen Massenbewegungen stehen soll, heiße der Führer, wie er will.

Ja, saanS denn gegend Kirch, Herr Dick? / Nein. Wann da Kiraturm a Maßkruag waar / und waar voller Bier, / nachad trunk ma *oa* Maß — und need drei oder vier!

?

A Blinder hat an Hasn gschossen. A Lahmer is eam nachigrennt. A Nackata hatn in Hosnsack gschobm. Was ist das?

?

A Lug! — — — Redn muaß ma mit de Leit, redn. Geht auf und zua und braucht koa Schnua. Denn die meisten reden, weil sie nichts genau wissen wollen. Darum war es klug vorhin, die goldene Mitte zwischen zwei Extremen zu suchen, zwischen einem jovialen, aber vielleicht doch zu

schnodderigen Petri Heil! — und einem geschichtlich kommentierenden Exkurs, etwa: Pomphafte Aufzüge zu Wasser und zu Land sind niemals weltgeschichtliche Augenblicke. 1644 kann ich da nur sagen!
Normalerweise ist ein Gerede nach solchen Konkreta beendet, weil der gute Mann, die gute Frau, sich keine Blöße geben möchte. Schweigende Bestätigung, als sei 1644 ein Volksdatum. Doch die gewonnene Pause, die der Betreffende benötigt, um etwas anderes zu suchen, über das sich reden ließe, sollte nicht zu unfreundlichen Deutlichkeiten hinreißen: Kurfürst Maximilian I. wallfahrtete damals mit fünf Schiffen von Wasserburg aus nach Altötting, Sie erinnern sich?! — Damals mußten eigens die Brücken zu Mühldorf und Neuötting abgeworfen werden, nur, damit das Leibschiff des Herrn passieren konnte. Ich — — — nähme für solche Wallfahrter nicht einmal die Mütze vom Kopf, der — im Vertrauen gesagt, Herr Nachbar! — das Höchste ist, was der Mensch hat. Denken Sie nicht auch?

Ein wahres Negativbeispiel, trotz aller Sachlichkeit: so direkt darf man einem Bürger, der doch nur reden und nichts gesagt haben wollte, keinesfalls kommen. Denn jede Wahrheit — und bekanntlich gibt es keine allgemeine, sondern nur persönliche — schockiert ihn, weil es zu seiner Nichtpersönlichkeit gehört, aufs Leben (oder was er dafür hält) mit Phrasen zu antworten. Zu unterentwikkelt, einer Wirklichkeit subjektiv standzuhalten, flüchtet er sich ins entlastende Kollektiv der Ehschowisser und kontert, wenn ihm die Redensarten vergehen, mit den letzten, schier unsterblichen Phrasen einer Beleidigten Religion oder eines Verletzten Vaterlandgefühls.

Gerade noch behauptete er ICH. In die Enge getrieben, ruft er Verstärkung herbei, UNSEREINS. Weil ihm aber diese fiktive Mehrheit auch noch nicht weiterhilft, verankert er sich in der Ewigkeit: Ich habe SCHON IMMER gesagt! — Jetzt nur nicht auf die Uhr blicken, sonst heißt er dich einen Polemiker.

So drollig oder bedürftig jedes dieser verhinderten Ichlein anmutet, vereint können sie gefährlich werden und jede überragende Individualität vernichten. Darum Vorsicht! Wer kennt die Phrasen, kennt die Namen, für die sie morgen — ein Volk, ein Verführer, töten gehen? Und eines steht jetzt schon fest: Die Andersartigen, die Sonderlinge, die Perversen, die Verrückten, die Pinscher, die Spinner, die Ketzer, die Giauren, die Intellektuellen, die Volksverräter, alle, die eine regierende Phrase zurückweisen — in unbeschreiblicher, geradezu herausfordernder Arroganz, versteht sich, müssen zuerst dran glauben. Die Gefolgschaft wartet:

Als Fachmann, sagte er, müsse er dafür sein. *Als Mensch* freilich sähe er das durchaus anders, wolle aber als *guter Deutscher* nicht in den Fehler des Entweder-Oder zurückfallen, weshalb er die Entscheidung lieber anderen überlasse. Was er *als Demokrat* ohnehin für richtig halte.

Das ist er, der atomisierte Bürger. Das ist er, bis zur nächsten DetoNation, der ichschwache, entpersönlichte, funktionärrische, gedingte, keineswegs unintelligente, volltechnisierte Superprolet. Die richtigen Phrasen, und er bricht los, entgeistet zu entleiben, wer nicht pariert, wie er.

Piefke und Co wollen nicht allein essen, trinken und Auto fahren — sondern vorherrschen. Und findige Eliten, gut kassierende Überpiefkes, Höflinge der Mehrheit, Meinungsfabrikanten und Lieferanten wünschen, daß es so bleibe: Denn das Gemeine ist ihnen nützlich. Und redend versichert man sich des Nunmalsoseins dieser Welt, die halt ist, wie man ißt. ßGott, HabediÄhre, Tach! Jetzt hab ich Sie aber schon lange nicht mehr gesehen, Herr Dick! / Jasowas? I siehch Eana fast jedn Tog! / Wie soll ich das verstehen? / Dees brauchenS gorneed amoi vaschteh, weil wenn Ses vaschtäh daatn, nacha waars aa need vui anders!

Schwein oder nicht Schwein, das ist die Frage. Ich sage Schwein, hochverkehrte Fakkedemie der Schönen Dünste — und befinde mich somit in der konträren Gesellschaft von Konrad Lorenz, der die Verhausschweinung des Menschen unter Hinweis auf Freßgier, Fettsucht, Trägheit und übersteigerte Sexualität nicht erst lange zu beweisen hatte.
Hier nun weitere Bedenklichkeiten zu der Frage, ob Affe oder Sau Gottes? Denn je umfangreicher das Specktrum, desto größer die Wahrschweinlichkeit, daß uns ein Zusammenbruch des herrschenden Weltbildes, das ja doch immer ein von Menschen geschaffenes ist, meine Damen und Herren, erspart bleibt.
Bemerkungen allgemeiner Natur, etwa die Feststellung, daß Schweine fast überall auf Erden und die größten im Osten zu finden sind — im Ussuri- und Amurgebiet gedeihen Hauptschweine so stark, daß sie im Kampfe die mächtigste Raubkatze der Welt, den Sibirischen Tiger abzuwehren vermögen — werden zwar immer wieder gerne gehört, sind aber vor einem so hochgebildeten Auditorium, wie diesem, nicht notwendig. Hingegen dürfte der Hirscheber (Babyrousa babyrussa L.) einer mitleidenden Solidarität sicher sein: Die dünnen, spitzen, oberen Eckzähne dieses nur auf Celebes und einer Nach-

barinsel lebenden Art-Genossen durchbrechen nämlich die Haut des Oberkiefers und entwickeln, vergleichbar der Lyrik in diesen Tagen, ein unerklärliches Wachstum. Dabei krümmen sie sich so stark zurück, daß sie den älteren Keilern sogar in den Schädel einwachsen und zum Tode führen. Ein sinnreiches Beispiel für verfehlte Entwicklungen in der Natur, meine Damen und Herren. Solchen Sauköpfen ist rettend nur durch Absägen der Hauer beizukommen; aber, so frag ich, wer soll das besorgen, wenn unsere Kritiker, anstatt literarische Auswüchse abzusägen, neuerdings selbst Gedichte im Gesichte tragen, wahnwitzige beinerne Konstruktionen bis zur Hirnverletzung?

Genug der Analogien, wie ich sie in anderen Schriften — beispielsweise im Nachstell-Vorwort der Sauwaldprosa, 1. Fußnote — zusammentrug. Weder möchte ich unwissenschaftlich, noch will ich angefeindet werden. Diana behüte! Menschen sind, wie die Flußpferde, diese nächsten Verwandten der Schweine, leicht reizbar und nachtragend. Einzelne von ihnen werden nach bösen Erfahrungen sogar dauernd aggressiv als grimmige Einzelgänger. Mich wundert das nicht, nachdem die systematische Zoologie entwicklungsgeschichtlich davon ausgeht, daß die Schweine in den Anfängen ihres Entstehens einen Fuß mit fünf Zehen gleich dem hochstehenden Affen und Menschen besaßen. Die Rückbildung des Daumens beim Schweine war nur ein Akt der Anpassung ans Gelände, so, wie wir heute bei vielen unserer Artgenossen eine Rückbildung des Gehirns aus Anpassung beobachten können.

Solche Gehirne, zumal wenn sie klassisch gebildet und voller antiker Kenntnisse sind, erwarten nun eine Stellungnahme zum griechischen Idealsaukopf, zum langgestreckten Schädelprofil des Wildschweines, zu der geraden Linie von Stirn und Nase, die, infolge der Verhausschweinung heute, nicht mehr Norm ist. Wichtiger aber als der Verlust solcher idealer Äußerlichkeiten scheint mir die elementare Gefährdung, die ein geknickter, schief stehender Rüssel — vor allem für den Nachwuchs — signalisiert: die Schnüffelkrankheit. Wie der Journalismus ist sie für das befallene Geschöpf selten tödlich; wohl aber fürchtet man diese Krankheit im Stalle, weil schnüffelkranke Ferkel in ihrer Entwicklung zurückbleiben. Kein unvermittelter Zusammenhang besteht indessen zwischen der Schnüffelkrankheit und dem Kannibalismus, der, wie man weiß, Schweine wie Menschen kennzeichnet. Nur, daß die Muttersau mangels tierischem Eiweiß die eigene Brut hinunterschlingt, wohingegen es für den menschlichen Kannibalismus so viele Erklärungen wie neue Formen gibt.

Schwein oder nicht Schwein, *das* ist die Frage, und die Antwort ist am nächsten, wo wir uns gegen die Brust und auf den Bauch klopfen. Dort nämlich sieht's am säuischsten aus, weshalb im Mittelalter, als die Zergliederung menschlicher Leichen aus religiösen (!) Gründen verboten war, das Hausschwein seziert wurde: so bereiteten sich Ärzte und Anatomen auf das gestörte Innenleben ihrer späteren Patienten vor; und bis heute orientiert sich die medizinische Forschung am Schwein, meine Damen und Herren. Für Sie, denn unsere Funktionen und Körpersäfte sind — die Pharmakologen wissen's zu schätzen — kaum anders. Man blicke der Wahrheit nur einmal ins Schweinsauge — und die Sau, könnte ich mir vorstellen, ist Ihnen fortan weniger sus-speckt.

Weitere Vergleiche, wie der Säue und einiger Leute Fähigkeit, die Ohren stark zu bewegen, oder aber beider Gemeinsamkeit einer Gallenblase — im Gegensatz etwa zu Hirsch, Reh und Gams — kann ich dahero hintanstellen, um nun schlüssig die Lebensweise und das Verhalten der Sauen ins Ebenbild zu rücken: Denn wenn, wie Ortega lehrt, das »Leben seinem Wesen nach ein Zwiegespräch zwischen Subjekt und Umwelt« ist, erfahren wir hier, im sozialen Bereich gewiß nichts Unwesentliches über Sau und Mensch. Was aber sehen wir? Taktik oder Tücktik?: Wie oft schon wurde das friedliche Nebeneinander zweier Männchen in der Liebes=Rauschzeit als überlegen männerbündische Harmonie gedeutet, während es in Wirklichkeit ein gegenseitiges Auflauern und der Beginn eines Streites, manchmal auf Leben und Tod, war. Denn nicht ritterlich von vorn sondern jählings von der Seite, durch einen Seitenhieb trachtet der Eber seinen Nebenbuhler ums Glück zu bringen, das die Sau verkörpert.

Meine Damen und Herren, mir entgeht nicht eine gewisse Unruhe in Ihren Reihen! Ich nehme an, daß Ihnen bereits deutlich vor Augen steht, wie Sie Ihrer Umwelt hinkünftig entgegentreten wollen: nicht anders, als bisher — aber doch mit einem veränderten Bewußtsein, wie ich denke. Deshalb erspare ich Ihnen weitere Studien zum factum brutum, das ident ist mit dem fakke brutum, ganz gleich, ob wir nun die hohe Intelligenz (des frei lebenden Schwarzwildes insbesondere), das Rottenverhalten oder die Phonetik, bzw. die sprachlichen Grundmuster von Mensch und Schwein gegenüberstellen (Tonbandaufzeichnungen einer Sauschütte im Ebersberger Forst/einer gutbürgerlichen Gaststätte): ein verblüfftes UFF könnten

auch Sie nur schwerlich unterdrücken! Und solch ein Uff, hochverkehrte Fakkedemitglieder, stößt bereits jedes Fröschlein aus (so nennt man die Frischlinge auch), das man beim geselligen Fraße oder beim Spiele stört. Der Forstmann spricht da vom »Verhoffen«, und, wenn Sie so wollen, erkennen Sie hier Blochs Prinzip Hoffnung im Ansatze wieder, das ein Bedeutenderer wie ich, Ludwig Marcuse, so definierte: »Die prinzipielle Hoffnung ist eine Munterkeit mit zusammengebissenen Zähnen. — Vielleicht ist sie auch weniger Hoffnung als Sehnsucht.«
Im Schweine, so darf ich ergänzen — die Hoffnung, Fraß und Spiel mögen alsbald weitergehen; im Menschen — die Sehnsucht nach einem Bißchen mehr. Aber wie gesagt, nur vielleicht.

Teufel, was für ein Abend! Bummsen bereits am Morgen. Daß Schrank und Nachttischlampe zitterten. Bumm — Wumm — Bumm. Ein paar Atemzüge, dann wieder Bumm — Wumm — Bumm. Sechs am Morgen. Nein, die Wirtin kann das nicht sein, die wohnt drunten und weiß, daß wir Ruhe wünschen. Aber hatte sie nicht gesagt, es sei noch ein Gast im Hause? Richtig, das Bummsen kommt aus dem Pensionszimmer, das zum Kirchhof hin gelegen ist. *Ein* Gast? Bumm — Wumm, Stöhnen. Wimmern? Malefiz, halt ein! Laß doch deine Zimmernachbarn schlafen; so früh noch! / Bumm — Wumm — Bumm. Was treibt denn der? Mit dem Kopf gegen die Wand? Klingt danach. Aber wer hält denn das so lange aus, Unsinn?!
6. Januar 1978, Erscheinungsfest. Zur Frühmesse bimmelt's. Stimmen zwischen den Gräbern. Immerhin, wach bin ich, nachdem ich nun schon rätsle und kombiniere. Anklopfen, Ruhe erbitten? Ach was, jetzt schläfst du doch nicht mehr ein; also auf, rasieren, waschen und runter ins Frühstückszimmer! Hast ja gestern reichlich Notizen eingebracht, beim Neilinger. Eingebracht in die ewige Scheuer. Ganz schön bescheuert! Was da so ins Unterbewußtsein absackt. Kein Wunder, phrases round the world. Wie DDT, bis ins Krabbenfleisch der Weddelsee. O Krone der Schöpfung, es ist zum krebskrankeKinder-

kriegen! — Himmel, der bummst immer noch da oben! Na, auf die Epiphanie bin ich gespannt. Soll sein jüngstes Gericht haben! Aber nun mal die Notizen durchgegangen, noch kannst du sie lesen. Aha, beim Raikern in der Rauhnacht den Hut über den Rauch halten: daß da Woaz dick wead.

Dann: Mia zoihn ois in Dollar. Mei Hosnsack is do-lar und do-lar! Und: I mecht gern no oan trinka, aba i woaß need, obsD dann no fahrn konnst. Und: De wead amoi a Zwiedorn! — Tittl ohne Mittl — De hot an Bagatell herbracht und is so oid woan, wias seiba need denkt hot. — Uuuu, ea is a Dusterling! Bumm — Wumm — Bumm. Nicht zu glauben, jetzt legt er noch zu, der seltsame Gast! Was für ein Morgen, hier in Samerskirchen! Als hätte ihn Richard Billinger geschrieben. Das Geburtshaus des Dichters, dreißig Schritt weiter, ist zwar restlos verschandelt worden — von einem Nachfolger namens Schmierer — aber der Dämon des Dichters ist, scheint's, nicht umzubringen. Droben die Hölle — und hier drunten die Worte Neilingers: Wea globt wean wui, muaß zeascht amoi schterm! — Da Ungschick hot griassn lassn. — Ja, ja, Pflicht rupft, gei? — (Beim Anschauen eines Sterbebildchens:) Selig im Herren entschlafen. Miaßat ma nachefragn, beim Petrus. Aba ea wead no koa Telefon ham.

Was ist da noch viel zu erzählen? Hier spricht Sprache selbst. Lesend hör ich Dich, Neilinger: Schnauft, wiara Igl im Birnhaufn. — Nix fiaran Flaudara, nix fiaran Broila! — Zipfe-zapfe-zoi, gridl-gradl-groi, Oache sexe, nix fiaruns, und so weida, hoaßt's bei unsam Schafkopf. Und dann: Oache-Sau, juchhee, juchhe! Undoid Kaiserin, wenns an Herrn Pfarrer verunsichern woit, hot need gsogt Zipfe-zapfe-zoi, sondan Petern-zapfe-zoi!

Schade nur, daß Mundart so mühsam zu notieren ist. Zum Lesen eine Plage, *auch* für Einheimische. Aber darauf verzichten? Wünsche die Leute nicht nur vor mir zu sehen, will sie auch hören. Die Denkart ist das Ich eines jeden, und wie einer spricht, so ist er. Wer zu den Quellen des Denkens strebt, wird mehr brauchen als Einheitsdeutsch. Und mehr, als nur eine Mundart. Mir jedenfalls ist jedes Sprachfest recht, ob schwäbisch, saarländisch oder berlinisch. Solche Übersetzungen gehören ins Leben eines homo litteratus. Gleich mal notieren: Wer nicht bereit ist, auf die Sprache eines Nebenmenschen einzugehen, verhält sich asozial. Darüber nachdenken; vielleicht ein Aufsätzchen . . .
Aha, da kommt mein Reisegefährte; sichtlich betrogen um zwei Stunden Schlaf. Und die Frau Wirtin?: Ja, gei! I hob ma aa scho dengt, was des sei kannt in aller Herrgottsfriah? Iatz muaß i eam doch amoi frogn, wosa do treibt!? Er sagt, daßa dJungfrau Maria vaehrt und a Fenster zu ihra Kiachn wui.
Was für ein Abend diesem Morgen folgen sollte, wagten wir nicht zu träumen, obzwar der Auftakt hellhörig stimmen konnte. Sonst hätts uns an Schauderling kost, wie Neilinger es nennte. Stattdessen ging Innviertler Wegewelt mit uns davon. Haselstaudenhaine. Eichenadern. Lichtschnee. Gespräche über Bankungsfugen, Restlinge und Strudellöcher. Die Poesie geologischer Nomenklatur: Hungerquelle, Luftsattel. Wer solche Worte schuf, führte wahrlich ein »Gespräch mit der Erde«. Wie Hans Kloos. Ist das Buch heute noch greifbar? Oder wieder *verlegt*. Kleindeutsches Geistesleben! Nicht einmal die konkrete Prosa eines Alexander von Humboldt gibt's als Taschenbuchkassette, Schande! Wär ich Kultus-

minister ... Ach was, Fürstennähe verdirbt. Und heute ist der Kunde König; man sieht, was regiert.
Nur gut, daß wenigstens beim Schafkopfen die Sau immer noch den König sticht, und daß ich ab- und umschweifender Erzählteufel es zu karten weiß, was wir am Abend sagen durften: Tres faciunt collegium.
Da saß er nun leibhaftig vor uns und lächelte: Stör ich?/ Nein. / Das ist nämlich mein Stammplatz, wissenS! / Aso. / Und die beiden Herren wollen nicht ihre Ruh? / Nur *morgens*! / ?! / Sind die Herren studiert? / Sehen wir so aus? / Ja, *Sie* schon (er deutete auf meinen Gefährten), aber Sie ganz und gar need! WissenS, ich brauch jemanden nur fünf Minuten anschauen, dann sag ich ihm, daß er gar nicht mehr weiß, ob er is! / Respekt. Und? Sind wir? / GebenS mir noch ein bißerl Zeit. Griechisch, lateinisch, englisch, dees zählt ja nicht. Da muß schon noch was dazukommen. / Was? / Transzendenz, meine Herren. Also Sie hams, da geh ich sicher. Kopf ang'schaut und adhuc stat: spiritus. Aber Sie (mich blickte er an, O Herr, steh mir bei!) — — —, also Sie, mit Verlaub, Sie sind für mich ein Nebel. Aber schon eher Metzger als sigillum veritatis!
Nur raus mit der Sprache! forderte ich, und da ich sah, wie mein Nachbar mit dem Lachen kämpfte, wies ich an die Zimmerdecke und improvisierte, nachdem ich seine Sinne solchermaßen emporgerissen hatte: Beim Knochen Luz! Einakemma, wia da Pontius ins Credo! Wobei ich bemerken darf, daß Pon (Etwas) die höchste Gottheit der Jukagiren ist. / Bei welchen Gi / Aber denken Sie sich nicht zu viel! fuhr ich ihm übers Satzende, Fachleute sind der Weisheit letzte Bürgen nicht. Oder waren Oswald von Wolkenstein, Grimmelshausen und Büchner Germani-

sten? Na also! Und ein Forstmeister erfand das Fahrrad, ein Husarenoffizier das lenkbare Luftschiff, ein Tierarzt den pneumatischen Reifen und ich Metzger den Hufschlag als Roßkur gegen lyrische Anämie! In der Studierstube wußte sich der Hofnarr des Fürsten ein Leben lang unentdeckt. Beppi, mochs Goatntial zua, de russischen Banza kommen! Mist tut mehr Wunder als die Heiligen. Wead scho wean, sagt dFrau Stern. Is scho worn, sagt dFrau Horn. Der australische Leierschwanz dagegen imitiert Dutzende von Vögeln — aber auch Bohr-, Säge-, Hup- und andere Geräusche, wer weiß, ob nicht sogar die Stimme Gottes. Kurz: Symbole behindern die Erfahrung. Darum sprechen Sie, verehrter Herr, bevor im Sommer mit der Sonne auch die Fliegen rege werden! Nur verzeihen Sie mir eine freiwillige Unterbrechung des ewigen Sonntags, zu dem ich, wie Sie, unterwegs bin!
Unter diesen Worten schritt ich aus dem Aufenthaltsraum der Pension.
Als ich von der Toilette und einem kurzen Achter durch die frische Winterluft zurückkam, fand ich den Dritten Mann mit erhobenem Zeigefinger. Die gespielte Aufmerksamkeit des Zweiten hieß mich unauffällig beihin sitzen.
. . . *den* braucht der Teufel nicht erst zu holen. Der *hat* ihn! Aber deshalb geh ich auch nicht ins Kloster zurück. De hamd zwar alles inter muros. Aber dann kimmt jedsmal a bißerl Hybris dazua und dann hängens nolens volens. Und der Obere, der war Holz. Aber sonst Dr. Dr. Dr. Und wer lebte, war für den a priori mortuus. Na-na-na, wissenS, die Arkandisziplin war so dumm auch wieder nicht. Da haben die Leute gefragt: Warum sind denn die so fröhlich. Haben die etwas, was wir nicht kennen? Und so

sinds neugierig worden. Und dann hat mans eingeweiht. Und dann hats ihnen was bedeutet. Aber heute? Rockgottesdienst. Salve Regina benedictina mit Banjo und auf Teufel-komm-raus. Motorradmessen. Eucharistisches Judo. Schnellbetkurse mit Bremsfallschirm. Lachhaft. Totaler Ausverkauf. Und für was hammas hinter uns?: graduale, antiphonale, officium defunctorum, directorium, usus cisterciensis, anima candida, instructiones observantiae . . . *der* Fimme is koa Himme, glaub mir das! Und Ihnen, fuhr er herum, Ihnen arbeitet das in die Hand, Sie! Elektrische Augen. Hochspannung. Imperatorengeste: Ihren Drudenfuß sing ich vom Blatt.
Aber, aber! setzte ich dagegen. Gerade wollte ich Ihnen ein wenig zustimmen, da feuern Sie mich kaputt! Vor Schreck wäre mir beinahe die Frage entfallen, wie Sie das sehen: Da hat kürzlich so ein führender Kirchenmann im Radio vom GALILÄISCHOCK gesprochen. Der müsse erst einmal verwunden werden. Daher könne die Kirche heute weder Ja noch Nein zur Atomkraft sagen.
Ein zerfurchtes leeres Gesicht tat sich auf: Jeder braucht sei meditatio. Und sei recreatio. / Und der Auschwitzschock, ist der ausgeblieben?
Er japste. Aufhören, ein armer Kerl. Zeit lassen, damit er sich fängt. Am besten ablenken: Glauben Sie nicht auch, daß die Tiere früher einmal gelacht haben? / ? / Und daß sie's verlernten angesichts der Menschen?
Und ich sage Dir, er ist's. Er ist's! raulte der Dritte nun und traf Anstalten, sich am Ärmel meines Nachbarn festzuhalten.
Und wenn, wir sind ja zu zweit! versicherte der ihm zwinkernd und in ruhigstem Tone. Außerdem sind Sie ja bestens gewappnet, denkenS nur an Ihr Noviziat!

Ihr Wissen möcht' ich haben! heuchelte ich — und entdeckte erstmals so etwas wie ein zufriedenes Lächeln bei ihm. Wie in Trance sprach er sämtliche Ordensniederlassungen der Zisterzienser her. Die Gründungen nach Jahrhunderten. Und die Benediktiner? Psch, auch die. Sogar die Jesuiten, auch wenn das nicht gerade die Meinen sind!
Ein Opfer, sprach ich bei mir; eines der vielen grauenhaften Opfer. Wieder einmal erhob ich mich, an die frische Luft hinauszugehen.
Zurück, blieb ich unter der Türe stehen. Bewundernswert, die Geduld meines Sauwaldgefährten. Directorium monasticum ... Reguli ... Jus ordinis ... Psalmen, Veschper komplett, die Askese, naja und sonst halt Noetik, Logik, Geschichte der Philosophie, exakte Physik — Schall, Wellenlehre und die Glocken — Kunstgeschichte, Zisterziensergotik, Choral, Staatsphilosophie, empirisch und theoretisch so ziemlich alles, schlechthin omnia inclusive Fundamentaltheologie. Und die Summe dieses Omnia erlaube er sich nun zu Papier zu bringen. HamS was zum schreiben da? So, sssooo. Da beißt keine Maus in Arkadien an Fadn ab!
Als ich mich niedersetzte, schob er diesen Zettel über den Tisch:

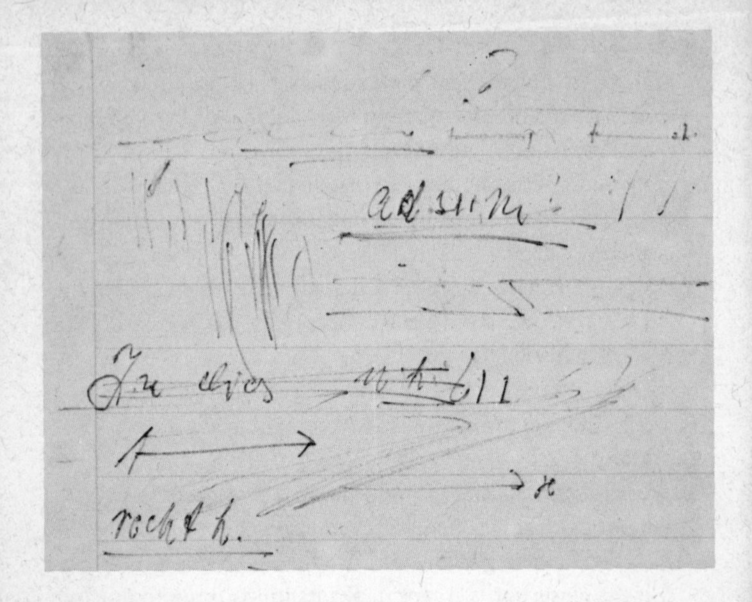

Ihre Weltformel gewissermaßen? / Könnte man sagen. / Steckt einiges drinnen! / Meine ganze contemplatio. / Mathematisch wäre das ungefähr dieser Satz! sagte ich und schrieb auf ein Bierfilzl:

$$\mathrm{Sin}^2\, x + \mathrm{Cos}^2\, x = 1$$

Jetzt bringenS mich aber in Hitz! Was soll das? begehrte der Gottesmann auf.
Das ist, versachlichte mein Nachbar, die Voraussetzung für jede Ataraxia!
Contra Abakadabra omnia! pflichtete ich ihm bei, während er dem Dritten eine letzte Formel hinschrieb:

$$\frac{\mathrm{Staub}^3 \cdot \mathrm{Bla}^2 + \mathrm{SA/SS}}{\mathrm{Asche} + \mathrm{H}^2\mathrm{O} - \mathrm{VDK}} = \mathrm{WUSCH}^3$$

Und dem spendiere ich hier in Samerskirchen und auf der Stelle und bei meinem Kreuzbein ein spirituelles Bier, der mir, und das sind Sie, die Frage schuldig bleibt, warum das Insekt Mantis religiosa (Maringele im unteren Vinschgau), das seinen schwächeren Partner manchmal noch während der Begattung aufzufressen beliebt, ausgerechnet Gottesanbeterin heißt?
Kopfschütteln. Ratloser Blick in die Runde. Wieder Kopfschütteln: Jetzt binichs. Ich weiß nichts mehr. (Zu mir:) Also, ein Metzger sindS nicht, aaabärrr! / Vorsicht! sagte ich, Vorsicht! Entweder-Oder ist immer tödlich. Bis auf Gott kann ich mir alles Menschliche vorstellen! /Auch die Ewigkeit? / Ja, sogar die Ewigkeit, obwohl mir die nicht sonderlich liegt. / Warum? / Jede Vorstellung muß ich verfrüht abbrechen. Mangels Zeit.
Wortlos hob er das Bierglas ans graue Gesicht. Er trank ohne Genuß und vergreiste von Schluck zu Schluck.

rlaub vom Ich

Aus Ghana zurück, schwärmte sie, toll sei's gewesen. Und auf Korfu warst Du doch auch? / Ja, irre Spitze. / Näheres war nicht zu erfahren über den Unterschied von exclusivem CocaCola hier wie dort.

So Baedeker-Gelehrte moan i, de wo si breitbeinig unta an römischn Triumphbogn schtein, damit ma beeindruckt is von eanam gebildeten Aaa!
WennsD von soichane Leit need Kulturbanause gschimpft wean wuist, nacha muaßt Di scho hischtein und aa Aaa! sogn.

★

Und das FREIZEITDUFT-KONZEPT für Ihn/Sie nicht vergessen! DOU-SPRAY, Glück für beide.

Volxschriftsteller. Arno Schmidt starb am 3. Juni 1979. Im März des gleichen Jahres hatte ich in der Münchner AZ eine Stanze zu seinem 65. Geburtstag veröffentlicht. Sie kann hier unverändert stehen, denn nach dem Tod eines Menschen spreche ich nicht anders von ihm als zu Lebzeiten.

Im Sauwald war Arno Schmidt bereits, als er schrieb (Kaff / auch Mare Crisium): Die eingestreuten irdischen Szenen sind, . . ., dem bayerischen Volxleben entnommen; da er jedoch weder das Land kennt, noch den Dialekt seiner Bewohner, auch Bergländer notorisch nicht ausstehen kann, und vor allem eine Lokalisierung unmöglich machen wollte, wurden die beobachteten Ereignisse und Gestalten zur Tarnung in ein Gebiet nördlich der unteren Weser verlegt, . . . Drobm überm untern Inn — drei oder vier der x-tausend Käufer dieses Buches erinnern sich vielleicht — liegt der Sauwald. Und für die gesamte Sauwaldprosa gilt Absatz c jener Verordnung, die das INDIVIDUUMSCHUTZAMT zu Bargfeld am 16. März 1960 erließ: Wer nach »Handlung« und »tieferen Sinn« schnüffeln, oder gar ein »Kunstwerk« darin zu erblicken versuchen sollte, wird erschossen.

WUSCH! Das verrät trotz aller Tarnungen die Bekanntschaft sogar mit diesem Manne, der seinerseits das

»Gebirgsvolk« in der Plattlinger Ebene und in der Pockinger Heide notorisch nicht ausstehen kann. — Wie ich Geburtstagsgesätze notorisch nicht ausstehen kann und dennoch dieses hier gerne schrieb:

Eine Reihe mit Lieblingsbüchern bei »Zweitausendeins«, Inseraten-Blöcke des S. Fischer-Verlages (einer mit 'ner schwachsinnig-schiefen Böll-Metapher: »... seine blauen Blumen sind die Archive und die Liebe.«), druckfrische Materialien-Bände in der »edition text + kritik«: ARNO SCHMIDT (Bildunx Unge-)heuer 65 Jahre.
Wieder mal 'n Anlaß, für ma(n)che BonJourKanaille, unter pforzgesäßer Denkmeidung allerlau Nebelsächlichkeiten dampfzuplaudern; von (Lüneburger Heide-) wegen, daß der kamera+press-scheue Zettelbeträumer, der so centimanigphalltjes im und auf dem Kastn hat, sein' (oder nicht-sein') Bogen um die Menschen überspannte.
Bis hin zum »Spinner« reichen die gedrucksten Denunziaden. Abschröckliches in den Blattern — ob der Riesenbibliotheken, die notwendig seien, jener thallasalen Type Skripten zu beweltyin: affentheurlich naupengeheurliche FISCHARTistische liternarrische AufsKreuzlegWortRätsel hecke der stiernackige, hinterm Schauerfeld stirnwolkende, einzlgängerische PolyglottErotoMonomane aus — und hochgelahrte DechiffrierKombinaToren felgten erörternd seinen Spuren, auf DÄUBLER komm raus und abJOYCElich in die VERNE(s) schweifend, lügt auch der GOETHE noch so nah. — »Hat es einer anders verdient, der sein Publikum ausdrücklich beschränkt sieht auf ›die dritte Wurzel von P, wobei P für Population steht‹ — in Deutschland also 390 Leser?« fragt ein lütterschmarrischer NachtwuxMagaZyniker aus Humbug. Ohne zu erwähn', daß es immerhin einige Hunderttausend verkaufte AS-Taschenbücher gibt, gewiß also ein paar Tausend SpoRadixer neben den 390 Dreiwurzlern, die sich für's studium generale an der AS-Universität entschieden haben mögen.
Einer dieser nicht ganz so Gründlichen ——— ich. Dennoch: bei keinem anderen zeitgenössischen Schriftsteller (»Wortmetz« schlägt der Sprachkünstler AS vor. Ich übernehme das aber nicht, weil ich keine unerwünschten Metzchen herbei-assoziieren möchte), geht's so »naturwissenschaftlich«-präcise + phantasievoll zu, bei niemandem sonst durfte ich so viel lachen +

lernen. — Man lasse sich nicht um Hunderte von genuß + kenntnisreichen Seiten dieses Lebens (= Lesens) bringen, nur, weil ein paar führende FeuilleTonAngeber eitelwichtig vor abgründigen AS-Passagen posieren, als Eiger-NordBücherwandSpezialisten Come-in-Kletterei (Schwierigkeitsgrad Sex) vorturnend, rezitierend blitzgescheit eigene Belesenheit. Schwindelmache!
Denn auch dort, wo er sich besonders bemüht, das Gedächtnis einer vergeßlichen Menschheit zu sein, damit er und seine Leser nicht dumm bleiben müssen mitten unter tausendjährigen Erfahrungen (frei nach JEAN PAUL), ist der PanKreAutor nicht so unzugänglich, wie die Gerüchte kleingeistern.
Jedes seiner Bücher, ob's nun auf den Mond, auf eine Propellerinsel in den Roßbreiten, in die NAPOLEON'isch/MASSENBACH'sche Zeit oder an den neudeutschen Limes entführt, jedes nährt Hirn = Herz auch mir, der ich wahrlich kein geborener Bücherstubaier bin und nur selten Zeit oder Geduld aufbringe, allen ins DenkSpiel gebrachten Namen, Zitaten, Verballhörnchen, Etymogeleien und Motivsinnigkeiten nachzuforschen. Dreingaben eines All-EinUnterhalters sind das, aber keine Voraussetzungen für Lese-Abenteuer, die mir auch gelegentliche Anfälle von Misan-Tropen-Krankheit und mannometrische Vorlieben nicht vergallen. — Zum Beweis, daß die »Bargfelder IntelligenzBestie« nicht im geringsten so »schwierig« ist, wie manche Profi(t)Erklärer uns blaß machen möchten, schlußkadenze ich einige meiner Lieblingssätze ARNO SCHMIDT's:

Von neuen Dichtern: Es ist ja so selten, daß ein Mensch spitz kriegt, ob am Horizont ein Bürofenster glimmt, oder ob dort ein großes Gestirn aufgehen will. (»Aus dem Leben eines Fauns«)
Schmetterlinge! (Das muß auch ein deutsches Rindvieh gewesen sein, der für die paar Kleingaukler den Hammervorschlag ›Schmetter‹ erfinden konnte! Wahrscheinlich n Wiederaufrüster.) (»Die Gelehrtenrepublik«)
Ein alter Bauer mit Fuchspelzmütze, ganz langlebiger Thrakier, zeigte uns seine getötete Schlange: aus der aufgeschnittenen kroch eben eine Kröte hervor: die Hinterbeine bereits vollständig verdaut!!! »›Und siehe, es war Alles gut‹: oh, der Lumpderlump!!!« (»Seelandschaft mit Pocahontas«)

Vom Zwange des Verstandes frei werden wollen; und dabei in den Zwang des Unverstandes geraten; jaja! (»Orpheus«)

Wortwege genug. Doch nicht ein einziges Mal »Gluchomany«: die rätselhafte Tiefe unberührter Wälder. Die Zeiten sind zu schwefelig jetzt. 50 Kilogramm pro Jahr und Hektar. Alles Schlechte kommt von oben, von der Schwindelhöhe dieses Lebensstandardes. Das Tannensterben, das längst ein Kiefern-, Lärchen- und Fichtensterben ist, war schon lange zuvor eine geistige Epedemie: der techno-paranoide Wahn, das Leben zu überlisten. Jetzt ticken die Metastasen. Ich bin bereit.

mal, am meisten von Bildungsbürgern, höre ich den Vorwurf, ich setze zu viel voraus. Ich kontere gemäß Fußnote 41 des Nachstell-Vorwortes mit einer Passage aus § 55, Vorschule der Ästhetik: Wo hörte das Recht fremder Unwissenheit — nicht ignorantia juris, sondern jus ignorantiae — auf? Der Gottes- und der Rechts-Gelehrte fassen einander nicht — der Großstädter fasset tausend Kunstanspielungen, die dem Kleinstädter entwischen — der Weltmann, der Kandidat, der Geschäftsmann, alle haben verschiedene Kreise des Wissens — der Witz, wenn er sich nicht aus einem Kreise nach dem anderen verbannen will, muß den Mittelpunkt aller fordern und bilden; und noch aus besseren Gründen als denen seines Vorteils. Nämlich zuletzt muß die Erde *ein* Land werden, die Menschheit *ein* Volk, die Zeiten ein Stück Ewigkeit, das Meer der Kunst muß die Weltteile verbinden; und so kann die Kunst ein gewisses Vielwissen zumuten.

So, das wäre wieder ein für alle X mal klar gesagt. Wer's fortan ignoriert — tolerant bis zur Gleichgültigkeit sind sie ja, die Herren und Damen X,

Y — muß gewärtig sein, wieder eine meiner seltsamen Antworten verpaßt zu bekommen; sagen wir: Maulwerke für menschliche Stimmen und Lectiones, Dieter Schnebel, 1974

oder

(im Singsang des Evangeliums:) Jesus ruderte mit seinen Jüngern vierzig Tage und vierzig Nächte. Als er mit seinen Jüngern vierzig Tage und vierzig Nächte gerudert hatte, merkte er, daß das Boot angebunden war. (Eidenberg, am 7. 8. 80)

Oder:

Den Mythos der »exakten Naturwissenschaft« zu zerstören, genügt oft schon ein Blick an den Himmel. Und ein zweiter, vergleichender, auf die amtliche Wetterkarte.

Oder:

Dr. Robert Schmuttermeier, 1913—1970, Gründer einer PARTEI DER VERNUNFT, die in Österreich keine Mehrheit finden konnte. Eh kloa. Beerdigt zu Geras im Waldviertel. Auf seinem Stein der Grabspruch: Glücklich sind nur die Toten

Z, aber kein Ende des Sauwalds. Vielmehr Bello mit dem Gnadenfleck, trojanische Schweine, Maikäfers Erzählungen im grünen Haus, der Saukopf am Totenbett, die Gufflwirtin, roter Quarzit in der Pfudabeuge, der Hundefriedhof der Fürstin Eduardine Khevenhüller-Metsch und die zahme Sau, die ihr folgte, Schweine, die Schafswolle geben und Socken, die Wildschweine vertreiben, Karl Rieglers Disputa del Sakramento, der Herz-Jesu-Bäck, Simbacher Apokalypsen, des Totenrasierers und Kammerjägers Rimmele Unvollendete — Aber Z und Schluß jetzt! Vielleicht ein andermal; siehe Fußnote 50, Seite 85.
Jadegrün lockt der Fluß. Reiherenten, Tafelenten. Euern freundlichen Blick geh ich suchen. Hoi, sogar ein Rothalstaucher! Also nichts wie hinaus, hinaus, ins Eiszeit-Kolosseum. Blinde Spiegel lostreten. Wenn ich auf solch ein Glasschiff voller Vogelfuß-Alphabete, bevor ich es zu den Mäandern zwischen Urfahrn und Kluglham treiben lasse, einen Kiesel setze, ein leuchtend buntes Fahrgastmännchen, wetten(?): nicht lange dauert's, bis eine Möve herbeischwingt, niederstößt und ärgerlich abdreht: ein schwimmender Stein? Was soll denn das schon wieder?

Wasserburg, im Januar 1981